北京文博

文丛

文物保护与利用专刊

北京市文物局　编

图书在版编目（CIP）数据

北京文博文丛. 文物保护与利用专刊 / 祁庆国主编. --
北京：北京燕山出版社，2019.1

ISBN 978-7-5402-5308-0

Ⅰ. ①北… Ⅱ. ①祁… Ⅲ. ①文物工作－北京－文集
Ⅳ. ①G269.271-53

中国版本图书馆CIP数据核字(2019)第004362号

北京文博文丛·文物保护与利用专刊

出版发行：北京燕山出版社有限公司

社　　址：北京市丰台区东铁营苇子坑路138号　100079

责任编辑：朱　菁　　任　臻

版式设计：肖　晓

印　　刷：北京画中画印刷有限公司

开　　本：787mm×1092mm　1/16

印　　张：7

字　　数：160千字

版　　次：2020年2月第1版

印　　次：2020年2月第1次印刷

ISBN 978-7-5402-5308-0

定　　价：48.00元

北京文博

文物保护与利用专刊

主办单位：北京市文物局

编辑出版：《北京文博》编辑部
北京燕山出版社

网址：http://www.bjmuseumnet.org

邮箱：bjwb1995@126.com

声明

Beijing Cultural Relics and Museums

Organizer: Beijing Municipal Administration Bureau of Cultural Heritage

Edited and Published by the Editorial Department of Beijing Wen Bo, Beijing Yanshan Press

URL:http://www.bjmuseumnet.org

E-mail: bjwb1995@126.com

关于文物“合理利用”的几个问题

焦晋林

“合理利用”作为我国文物工作原则的官方正式表述，源自于1997年《国务院关于加强和改善文物工作的通知》，并于2002年成为《中华人民共和国文物保护法》（以下简称《文物保护法》）“保护为主，抢救第一，合理利用，加强管理”十六字原则的组成部分。其立法原意是指在建设社会主义精神文明的事业中，合理发挥文物的宣传教育、科学研究等公益性作用①。近年来，随着市场经济因素在文物保护和利用活动中出现、发展并日趋活跃，文物利用的范围也从非营利性的公益性利用领域延伸到了营利性的市场化利用领域。在此背景下，2016年《国务院关于进一步加强文物工作的指导意见》在“拓展利用”一节中，除了传统的公益性利用之外，也提出了为“促进经济社会发展服务”，以及“大力发展文博创意产业”的市场化利用。

文物的市场化利用，不仅激发了全民保护文物的主体意识，扩大了文物保护的资金来源，拓展了文物保护的有效模式，密切了公众与文物之间的互动关系。同时必须承认的是，文物的市场化利用也不可避免地产生了一些负面影响，尤其是以片面追求经济利益为目的的不合理利用，造成公众对文物的价值观发生了唯经济价值论的严重偏离，全社会自觉维护文物安全的宏观氛围难以形成。实践中，由于文物不合理利用造成的文物损毁案例时有发生，“保护为主”与“合理利用”之间的良性互动关系出现背离，继而使得本就难言轻松的文物保护事业面临着许多未知因素的冲击。为此，本文就文物利用中的几个法律问题谈点浅显看法。

一、合理性需以合法性为前提

合理性和合法性是社会行为的两个相邻考察界域和标准，于文物利用行为也不例外。较之于合法性以实定法为主要考察标准和价值取向来说，合理性的考察标准和价值取向则要丰富和复杂得多。广义上说，考察行为的合理性标准，既包括政治、经济、文化、民族等宏观规则，又涉及到不同地域、不同时间、不同民俗习惯等实际情形。一个具体的文物利用行为，在经济学上可能是合理的，但在民族学、考古学上则不一定合理；在促进文物资源化利用上可能是合理的，但在维护文化遗产的可持续传承上则不一定是合理的。

就文物利用关系在社会行为中的体现来看，利用文物的行为包括以下四种：一是既合理又合法；二是合理但不合法；三是既不合理又不合法；四是不合理但合法。在依法治国的背景下，文物利用的合理性显然应该以利用行为的合法性为前提，因此，只有第一种合理又合法的文物利用才应该是《文物保护法》所指的“合理利用”范畴。

与一般法律行为的合法性要件类似，鉴别文物利用行为是否合法，也需要从主客观要素加以综合考察。文物合法利用的主观要件包括主体资格和主观意志要素。

一方面，文物利用主体需要符合法律规定。文物作为《物权法》上的特殊物，与普通财产物有着诸多不同，在文物利用领域，有些文物利用主体的资格是法律明确加以限制的。比如《文物保护法》对文物经营主体的限制，《博物馆条例》对馆藏文物借用资格的限制。另一方面，文物利用目的和动机不具有违法的故意或过失。在文物利用中，利用人主观上除了要有遵守《物权法》《合同法》等关于财产关系调整的法律规定，也需要遵守《文物保护法》《环境保护法》等文化和生态保护的规定。比如，古建筑所有权人、使用人为了经营牟利，擅自改变古建筑用途，将其辟为餐饮经营场所的行为；具有文物复制资格的利用人，违反复制品用途，擅自用于出售牟利，扰乱文物流转秩序的行为。显然这些行为人主观上存在过错，都属于违法行为。

文物合法利用的客观要件主要体现在文物利用的程序性上。相比于立法从实体上统一合理利用标准的困难，将文物合理利用的考察程序统一起来，在技术上则要可行得多。因此，在文物利用合法性的客观要件考察上，是否符合法定程序显然具有重要的实践意义。鉴于文物的不可替代性和不可再生性，将充满不确定后果的、纷繁复杂的文物利用方式纳入行政许可或行政确认范畴，并不与精简行政部门管理权的服务行政理念相违背。恰恰相反，将文物利用行为纳入统一的行政许可程序，经由法定的程序审核机构，在对利用行为进行科学分类的基础上，根据专业性需求，组织不同专业技术力量对其进行合法性审查和合理性考核、指导、监督。不仅有利于降低利用人由于对文物认知不足导致的成本投入和其他不必要的损失，而且有利于在提高服务型政府职能的同时，更加有针对性地有效预防文物损毁和保护文物资源的安全。

文物利用所依据不同法律规范之间的冲突和优先适用规则，也是衡量文物利用是否合法的重要因素。不同法律规范之间由于存在立法主体、法律性质、调整方法、适用对象等方面的不同，经常会出现法律规范之间的冲突。在与文物利用有关的法律规范领域，即存在文物立法与非文物立法、公法与私法、特别法与普通法之间的冲突。实践中，《文物保护法》与《物权法》之间的冲突尤为明显。事实上，除了特别法与一般法的区别外，两个法律文件还体现在一个是以维护公共利益为目的的公法，一个是以维护个体利益为目的的私法；一个属于行政法律规范，一个属于民事法律规范。因此，从法律性质上看，不应该存在平等适用中的法律冲突。如果在适用《物权法》过程中，出现《文物保护法》限制或禁止的情形，就以物权神圣不可侵犯为理由，强调《文物保护法》干涉物权行使的说法是非常值得商榷的。毕竟任何国家立法对物权的保护从来都不是无限制的，而将“合理利用”作为立法原则，也正是《文物保护法》与《物权法》相衔接的重要抓手之一。

正如谢辰生先生所言，从“发挥文物作用”到“利用”文物，文物在利用中的地位发生了变化，即“‘利用’是我为主体，我（人）是利用它（文物），‘发挥文物作用’是它（文物）为主体”[②]。在文物利用已经突破了非营利性领域，进入营利性利用领域的当下。文物是否得到合法利用，并不取决于利用行为是否具有营利性，而是取决于利用主体的利用行为在实体上和程序上是否符合法律的相关规定。

二、原真性与完整性是衡量文物安全的普适性价值标准

原真性和完整性（authenticity and integrity）作为文化遗产保护的原则，首见于《威尼斯宪章》（*Venice Charter*，1964）中关于“将文化遗产真实地、完整地传递下去是我们的责任”的表述。借由1972年《保护世界文化和自然

遗产公约》及《实施<保护世界文化和自然遗产公约>的操作指南》相继对此原则的适用进行了扩展和与时俱进的修订。1994年《关于原真性的奈良文件》（*Nara Document on Authenticity*，1994）指出：“原真性本身不是遗产的价值，但对文化遗产价值的理解取决于有关信息来源是否真实有效。”可见，国际社会将原真性与完整性原则作为文化遗产保护的重要原则有着广泛共识。

我国《文物保护法》第二十一条“对不可移动文物进行修缮、保养、迁移，必须遵守不改变文物原状的原则”的规定，即《威尼斯宪章》所主张的原真性和完整性原则具有中国特色的立法体现。“不改变文物原状”既不同于将文物恢复到历史上某一特定时期式的“恢复文物原状”，也不同于不加选择地保留附着于文物本体之上所有附加信息式的“保存文物现状”，而是不改变文物所表现的整个历史过程的历史文化信息的原状。

《文物保护法》第九条规定：“各级人民政府应当重视文物保护，正确处理经济建设、社会发展与文物保护的关系，确保文物安全。基本建设、旅游发展必须遵守文物保护工作的方针，其活动不得对文物造成损害。”由于文物种类繁多，数量巨大，其安全标准也各异。不过，就评价文物安全的原则来说，保护文物安全的核心要旨也应该是指保护文物的原真性和完整性。

尽管原真性和完整性原则基本出现于保护不可移动文物的法律文件中，但并不是说原真性和完整性原则不适用于可移动文物安全的保护。一方面，文化遗产所蕴含的历史文化信息都需要得到原真性和完整性保护，并不能因历史文化信息载体的外形体量而区别对待；另一方面，联合国教科文组织发布的《实施<保护世界文化和自然遗产公约>的操作指南》指出，“设计、工艺、材料、环境”是文化遗产原真性检验的四个方面，而可移动文物显然具备这样的条件。

需要特别指出的是，保护文物原真性和完整性安全是针对文物的文化价值而言的，并不一定包括文物的经济价值。兼具文化性和财产性是文物的固有属性。其中，文物的文化属性是原生的，即文物的文化性是文物的固有属性，是在人类活动的历史进程中，以客观地记录特定历史文化信息的形式而产生的。而文物的财产属性是派生的，即文物的财产属性是因为其文化属性而来的。比如，一件明代永乐青花瓷碗在拍卖会上体现出的财产价值是缘于其所蕴含的历史文化信息，并不是源自其作为餐食器的实用属性。文物作为财产，在法律范围内体现的是私法主体的个体利益，《物权法》《合同法》等调整的是平等主体之间的财产关系，并不需要、也不可能对此进行特殊保护。与之不同的是，文物作为不可替代、不可再生的人类历史文化信息的载体，其文化属性关系着民族文化遗产的传承、吸收、融合与发展，关系到人类社会文化生态多样性的安全，因此，需要公法对其进行专门保护，而这也是《文物保护法》不应等同于所谓《文物法》的主要原因所在。

三、文物利用需要考虑文物生态安全

原真性和完整性直观上是针对文物本体而言的，但就其内容来说，则应该是指文物所蕴含的历史文化信息的原真性和完整性。对历史文化信息的认知与文物直接可视的外形特征的认知不同，需要利用主体对其进行探究和挖掘。并且，在这个主观见之于客观的认知过程中，有些历史文化信息是源自文物本体的，有些历史文物信息则是需要将文物置于其所处的文物环境中才能得到较为准确的认知，甚至有些历史文物信息的认知在前两者基础上，还需要借助更大范围的文物生态体系才能清楚认知。也就是说，文物所蕴含的历史文化信息具有层次性，其包含了三个相互关联的层级，即文物本体、文物环境及文物生态。

任何文物都是有形文化遗产，也必然存在于特定自然环境和人文环境中。不仅如此，文物与文物之间也通过文化、民族、经济、地域等纽带而有着紧密联系，并由此形成了丰富多彩而又不可替代的文物生态体系。由此，文物本体、文物环境、文物生态之间构成了文物安全体系的三个层次，而事实上，保护文物环境和文物生态的安全，也是对文物本体进行原真性和完整性保护的应有之义。

基于文物所蕴含历史文化信息的层级性，对文物的利用，表面上是对文物本体的利用，但实质上有可能也包括了对文物环境的利用，甚至还包括了对文物生态的利用。

以北京故宫紫禁城为例。虽然紫禁城是由许多个单体的不可移动文物和可移动文物组成的群体文物，但它在三级体系中仍然属于文物本体。它所蕴含的历史文化信息主要体现在明清宫廷生活、建筑特点、文化艺术等领域。当把它置于整个明清北京城垣的文物环境中时，紫禁城则是作为明清时期京城中的宫城而存在的，它体现的历史文化信息增加了古代城市规划中宫城、皇城、内城、外城之间的关系等内容。当把它进一步置于中国历史上整个封建王朝宫廷文化体系中时，紫禁城与郑州二里岗商代城址、殷墟宫殿遗址、咸阳阿房宫遗址、西安未央宫遗址、南京六朝宫殿遗址等皇家宫殿遗存，共同构成了中国古代封建宫廷文物生态体系，在这个生态体系结构中，其所蕴含的历史文化信息显然又得到了扩展和升华。

从文物利用的对象范围来看，利用人对故宫紫禁城的利用，显然既可能仅仅止于对故宫紫禁城单体文物或群体文物本身的利用，也有可能涉及明清北京城垣文物环境的利用，还可能扩展至中国古代封建宫廷文物生态系统背景下的利用。而这些利用中，既可能是合理的，也可能是不合理的。其中，不合理利用对文物安全造成的损害，毫无疑问既可能是对三个层级中的某一个造成损害，也可能对某几个造成损害。而这些不合理利用对文物本体、文物环境、文物生态造成的损害，并不一定是以文物本体的灭失、外观破坏等直观损害为唯一外在表现形式，也包括了在没有对文物本体外观造成物理损害前提下，对文物环境和生态系统所造成的损害。举例来说，当全国各地不加节制地以发展旅游业的名义，都以仿制紫禁城建筑的模式，兴建起各式各样仿古天安门、太和殿等建筑作为旅游景点，这种所谓传播“宫廷建筑文化”对中国古代宫廷文物生态安全的冲击是显而易见的。

就实定法来看，《文物保护法》第二条基于对文物本体安全保护的立意，列举了不同类型的文物。无论是属于不可移动文物的石窟寺、古建筑、古墓葬、古遗址，还是属于可移动文物的珍贵文献、古代工艺品及其他人类活动见证物，无论是单体文物，还是群体文物，对其原真性和完整性安全的理解，都是针对文物本体而言的。

实践中，不时会碰到利用不可移动文物而建的旅游景点、休闲会所、经营场所。当我们暗自庆幸这些文物在鳞次栉比的钢筋混凝土之间得以保存下来的同时，其孤零零的身影已然不同程度地脱离了文物所依托的原有地望条件、相对位置关系、特定文化氛围等文物环境，使其成为另一个连它自己都不认识的“文物”了。而这显然也是与《文物保护法》第二十一条“不改变文物原状”的规定相背离的。

不仅如此，文物生态作为文化生态的重要组成部分，其安全同样需要得到保护。所谓文化生态，是指由人类创造的不同文化有机体之间，通过文化的吐故纳新、交流互动而形成的文化群落、文化圈和文化链[③]。在这些动态的文化有机体中，特定的民族或地区的生活方式、生产方式、宗教信仰、风俗习惯、伦理道德等文化因素构成了具有独立结构和功能的文化体系，而文物正是承载上述文化体系的不可替代的实物见证。这些蕴含不同地域、不同时期、不同民族、不同学科领域等历史文化信息内涵的文物之间，通过纵向的和横向的联系，构成了不同级别的文物生态系统。以秦始皇陵兵马俑群为例，从纵向方面看，它处于战国时期替代人殉制度而来的随葬俑与西汉汉阳陵兵马俑群之间，并与此后两晋、南北朝，直到唐宋仪仗俑，甚至明代墓葬中的随葬俑群之间共同构成了一个清晰的中国古代随葬俑群文物生态体系；从横向方面看，它与秦始皇陵其他已发现的历史遗存之间构成了秦代帝陵的某些时代特征，也与现存于其他地方的石鼓文、摩崖石刻、度量衡等当时的实物共同构成了展示秦代社会方方面面的文物生态系统。因此从理论上来说，某些对秦始皇兵马俑群整体仿制的文物利用行为，尽管没有破坏文物本体和文物环境的安全，但是实际上已经威胁到了文物生态原真性和完整性的安全。

毫无疑问，文物的合理利用是一个庞大的实践和理论命题，并且，文物保护与文物利用之间的关系也相当复杂。其中，不少文物利用本身即是对文物进行保护的手段和方法。比如同是古建筑文物，有人居住的古建筑就要比无人居住、任其荒废的古建筑更容易得到保护。因此，文物保护与文物利用之间是互为手段和目的的关系。当然，无论是保护还是利用，都应当在合理的范围内良性互动才能互益双赢。

以上是基于国内外现行文物法律规范所做的肤浅分析，错误之处，请批评指正！

---

① 谢辰生口述，李晓东、彭蕾整理：《新中国文物保护史记忆》，文物出版社，2016年，第87页。

② 谢辰生口述，李晓东、彭蕾整理：《新中国文物保护史记忆》，文物出版社，2016年，第88页。

③ 黎德扬、孙兆刚：《论文化生态系统的演化》，《武汉理工大学学报（社会科学版）》2003年第2期。

（作者单位：大钟寺古钟博物馆）

以数字技术为托手的展示传播方法途径探析

李卫伟

2018年10月，中共中央办公厅、国务院办公厅印发的《关于加强文物保护利用改革的若干意见》（以下简称《意见》）中指明："文物承载灿烂文明，传承历史文化，维系民族精神，是弘扬中华优秀传统文化的珍贵财富，是促进经济社会发展的优势资源，是培育社会主义核心价值观、凝聚共筑中国梦磅礴力量的深厚滋养。……要从坚定文化自信、传承中华文明、实现中华民族伟大复兴中国梦的战略高度，提高对文物保护利用重要性的认识。"《意见》中对文物及文物保护利用的这一定位已经上升到了"国家战略"的高度。这一高度是史无前例的，我们看到了国家对文物保护利用的重视程度。那么，面对新时代新任务提出的新要求，我们如何做好文物的保护利用与展示传播工作？本文一方面提出以文物的展示传播促进文物的保护利用，同时合理的保护利用也能促进文物的展示传播，从而形成展示传播与保护利用的良性循环，共同达到普及文物蕴含的优秀传统文化，提高全民素质、民族自信心和认同感的总目标。另一方面，本文通过对北京和国内外文物展示传播手段与方法的调查与研究，总结了文物的传统展示传播手段和目前正在使用的数字展示传播手段，分析了传统手段与现代科技手段的优缺点。对传统手段与科技手段相结合的途径和方式以及文物活化利用的形式进行了研究与分析。同时，本文还对未来可能应用在展示利用中的新数字技术进行了资料查询和技术展望，以期探讨出一些适合文物展示传播与活化利用的新思路、新方式，探索一些传统展示利用方式与数字技术相结合的文物展示利用的新模式。

一、以展示传播促保护利用，以活化利用促传统优秀文化普及与传承

国际古迹遗址理事会在《文化遗产阐释与展示宪章》的序言中指出："强调公众交流(也称"传播""推广""展示"和"阐释")的重要性在于它是更大规模的保护程序的必要组成部分。这些宪章也间接地说明，各种遗产保护行为(在世界所有文化传统中)，本质上都是交流行为。"[①]从这段解释中，我们可以很清楚地理解到展示传播与保护利用的关系。一方面对文化遗产内涵的有效展示与传播能够促进人们对文化遗产的了解，从而产生对其价值的广泛认同，这将极大地促进文物的保护和合理利用。另一方面对文化遗产的保护与合理利用也能够让文化遗产在经济发展中起到重要作用，更大限度地发挥文化遗产的价值，从而促进文化遗产内涵与价值的展示与传播，两者相互促进，最终达到《意见》中提出的"培育社会主义核心价值观、凝聚共筑中国梦磅礴力量的深厚滋养"的作用。其根本问题所在，是文化遗产的利用途径不够多样、灵活，

展示的手段墨守成规，导致很多人望而却步和不能引起普通人，尤其是不能引起年轻人的兴趣。而这两个原因又是纠缠在一起的一个大问题，那就是展示传播不够充分，造成人们不了解文化遗产所蕴涵的巨大价值，即人们常说的“端着金饭碗要饭、扛着金扁担挑担”的道理。因为不了解其价值造成文化遗产的活化利用不够灵活多样，不知道如何让文化遗产在社会发展中扮演助推剂和托手的作用，更有甚者认为文化遗产是经济发展的累赘，要永远靠财政补助，是一个填不满的无底洞。试想，将民族文物认为是负担的群体一旦势大，何谈民族认同。对自己传统文化的载体都不能认可，何谈文化自信。

要想使文物保护利用的形式更加适应社会发展和人们的精神需求，就需要系统而有效地开展展示与传播活动，向人们充分展示文物的深厚内涵和巨大价值。文物的内涵和价值得到广泛认同后，人们便会自觉自愿地开展保护和利用活动，文物的保护和利用便会形成合力，形成一个巨大的保护利用网。那时的保护和利用便是一个相互促进体，只有很好地保护了文物资源，才有机会更好地利用文物资源；同样，只有很好地利用文物资源才能让文物“延年益寿”，才有文物资源可以利用。形成这样一个良好循环，文物蕴含的优秀传统文化基因就能得到广泛普及和认同，得到广泛认同就会有民族自信心、自豪感，民族的优秀文化便能够代代传承。

二、传统的文物展示传播手段及其优缺点

（一）以图书、报纸和宣传册等纸媒为手段的展示传播

纸媒毋庸置疑无论对文物还是其他专业都是经典的传播手段，也是文物展示传播手段的主流，无论是宣传册还是正式的出版物都为文物内涵和价值的展示与传播做出了巨大贡献。到目前为止，人们仍然很习惯于通过纸质正式图书获取文物的较为具有公信力和权威的知识。这种传播手段适合于绝大多数展览展示场所、办公场所与住所。其优点是传播广泛而便捷，但是随着时代的发展，其二维信息、形式固定等不够灵活的不足也显现出来，尤其是对于结构比较复杂或较为形象化的内容，二维的纸媒很难清晰地传达。如古建筑结构、工艺和手法等（图一）。

（二）以缩微模型、构件等为手段的展示传播

缩微模型摆脱了图书的二维空间和片段化，可以将一个大体量或大空间缩微到一个小展品的形式，使得展示传播更加直观，更加具象。构件模型则将一个整体拆分成若干组成元素，有助于人们更加细节化地了解文物的组成，更加准确地理解其某些特色构件（图二、图三）。但是，模型一方面是占用空间较大、沉重，不易搬动。另一方面，模型是一位“无法自述”的沉默体。人们想要获知模型上的某一信息或其背后的文化内涵、故事，模型本身是无法陈述的。

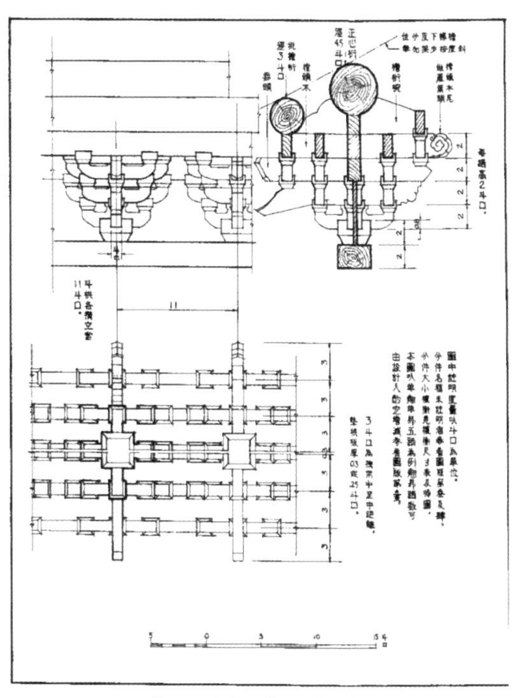

图一 《梁思成全集》建筑图书影

（三）以古建筑、古遗址等不可移动文物本身作为参观场所的展示传播

很多不可移动文物本身就是一件展品，具有了天然的展示传播能力。如故宫博物院、秦始皇陵、大明宫遗址、宁波保国寺古建筑博物馆等，将其开辟为博物馆很大因素也是因为其本身的巨大价值和天然传播能力，比起以现代场馆为载体的展馆，具有更大的场景真实性的优势。但是与模型一样，其仍然是“无法自述”的沉默体。人们只能通过人工讲解或文字、语音讲解获知信息。

（四）以电影、电视片等视频技术为手段的展示传播

近代随着电影、电视片等视频手段的发明和介入，展示传播手段发生了革命性的改变。文物可以被拍摄成电影或者电视片，以真实图像配以声音甚至是特效的方式，让千千万万的人能够更加形象而直观地感受文物的内涵和魅力。但是，随着时代的进步，人们越来越不满足于“作为旁观者”的角色，尤其是年轻群体，更希望像游戏一样参与其中。

图二 北京古代建筑博物馆的建筑缩微模型

图三 北京古代建筑博物馆的建筑构解分解模型

（五）以广播电台、音频等为技术手段的展示传播

在电视机出现之前，广播和电台一度是人们接受知识的新方式。文物也不例外，文物的知识可以通过广播和电台展示与传播出去。但是，“只闻其声不见其人”的缺点很快被图像化的电视占据了上风。而广播电台、音频也凭着设备便捷、不占用人们手和眼睛的优势一直存在。那么，没有具象化的图像，不易理解的缺点无法解决。

三、数字时代背景下的文化遗产展示传播的形式及其方法途径

（一）运用数字技术进行文物保护利用与展示传播的必然性

2016年12月，国家文物局、国家发展和改革委员会、科学技术部、工业和信息化部、财政部联合印发的《“互联网+中华文明”三年行动计划》的通知中，用政策的形式重点强调了运用互联网技术进行文化展示传播的计划和目标。其中对文物的互联共享制定了非常细致的要求和目标，提出了建立文物大数据平台的目标。“优先整合全国不可移动文物普查、可移动文物普查、以及文物价值创新挖掘工程和文物数字化展示利用工程的成果，研究统筹建立文物大数据平台；逐步推动建设跨部门、跨区域、跨行业‘物理分散、逻辑互联、全国一体、交互共享’的云平台。建立文物资源信息采集、加工、存储、传输、交换系列标准，对文物信息资源进行分级分类，实现文物信息资源科学化、规范化管理和应用。鼓励各类第三方服务提供商、‘双创’企业（个人）与文物博物馆单位合作，参与平台建设或基于云平台提供各种应用服务，提供文物图形图像、音视频、三维模型等数字资源，丰富文物知识、创意设计素材库，创作基于

文物资源的影视、游戏、音乐、商标以及计算机软件等数字产品，从事文物实体的数字化发行与信息网络传播推广，以及基于知识产权技术保护手段与网络的授权交易技术平台，以实现文物信息资源共享、利用、挖掘、创新的云服务。”2017年12月，中央政治局两次开展“数字技术”集体学习研讨会。会后，习近平总书记发表了重要讲话，将我国的“数字技术”发展定位为国家战略。结合《意见》中将文物保护利用提升为国家战略、“互联网+中华文明”以及国家的“数字战略”，我们清晰地梳理出了一条脉络，那就是文物保护利用的数字战略。如果再考虑到目前的科技背景，数字技术是在机械和电气化基础上的本世纪最大技术发明，也是当代的“当红”技术。因此，文物的展示传播以数字技术为托手、为媒介，是政策的鼓励方向，是时代发展的必然，我们必须用好数字技术，弥补传统技术的不足，开拓新技术条件下文物展示传播与保护利用的新局面。

（二）文物数字技术展示传播的主要技术手段

1.互联网网页、论坛、微信公众号等公共网络和大数据平台

互联网是目前非常成熟的数字技术之一，以公共互联网为依托的展示传播方式多种多样。使用网页、论坛、微信公众号等公共网络是目前大多数文物展示传播都在使用的方式，也是最为大众所接受的方式之一。如上文所述，这种方式也是国家文物局等五部委联合发文近期重点支持的形式之一。这种技术目前仍然处于方兴未艾阶段，尤其是随着三维数字技术的加入，公网的巨大用户群和公信力是其优势，而且必须保持，以保证公信力和权威性。

2.微博、微信等自媒体传播

微博、微信等自媒体问世以来，其传播力度超乎了想象，很多网络大V、大IP动辄数十万、数百万的粉丝和转发量。因此，重视这种自媒体的传播能力，培育文化遗产的话语权人也是展示传播的重要途径。

3.虚拟现实（VR）、增强现实（AR）、360度全景等三维技术手段

虚拟现实（Virtual Reality）技术简称VR，是近年来数字三维技术的重大发明，它可以创造一个虚拟的空间和世界，而且通过动作捕捉还能让人参与其中，其沉浸感和带入感很强。国内外很多文物博物馆和展览馆都在使用这种技术，它尤其适合消失的文物，人们可以通过数字建模等比例虚拟复原。另外，这种虚拟展示还具有设备轻便（一台笔记本电脑加一个头盔式眼镜）、占用空间小等优势，十分适合移动和巡回展览使用。增强现实（Augmented Reality）技术简称AR，是叠加在真实空间之上的，通过AR设备或者装载了AR程序的手机扫描特定物体，便会在真实空间上出现虚拟的物体。这种技术被认为是比虚拟现实更有巨大空间的数字技术。当然，还有混合现实（Mix Reality）技术，简称MR，是结合了虚拟现实与增强现实的技术，但目前技术尚不成熟。介于在虚拟现实与增强现实之间还有一种360度全景技术，如果说虚拟现实和增强现实以目前的技术只能线下观览，那么360度全景技术可以实现自由线上观览。目前比较著名的“数字故宫”“数字敦煌”项目当中的一部分内容，就是故宫[②]和敦煌的360度全景漫游（图四）。它也很适合可移动文物的展示与传播活动。

4.三维全息投影、360度立体幻影成像等光影技术

三维全息投影技术（Front-projected holographic display），能够通过光影产生立体的空中幻象，人们还可以与幻想互动。三维全息投影技术近年来在表演和展示行业应用十分广泛，尤其是国内外大量舞台剧表现、T台秀、汽车发布会等。这种技术引入文物的展示与传播十分适合，它可以高画质地复原很多历史场景，并可以在场景内植入互动环节。

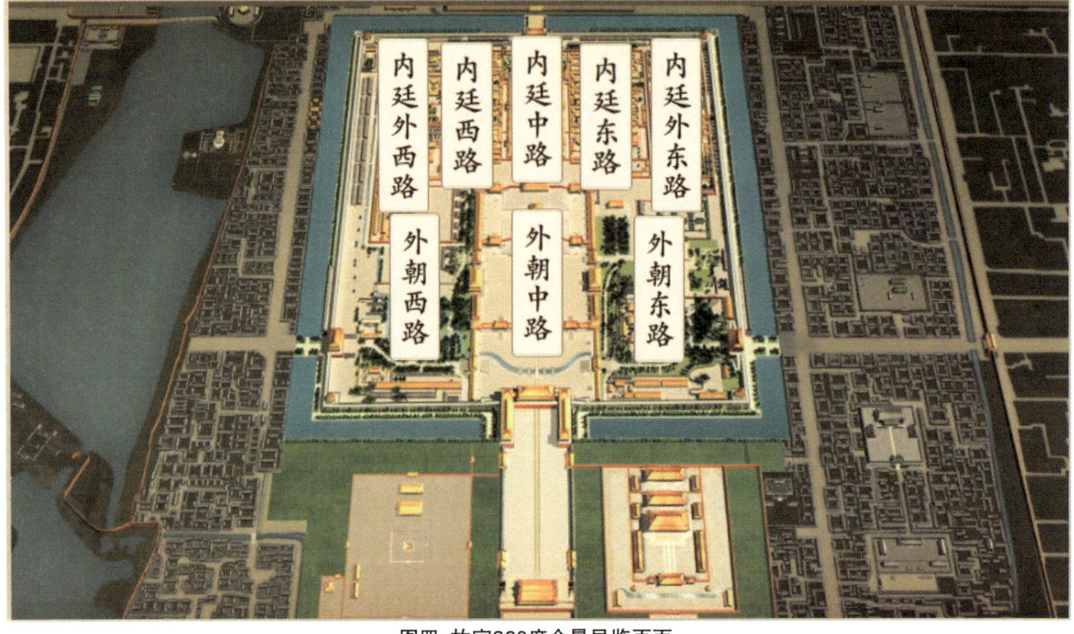

图四 故宫360度全景导览页面

360度幻影成像（360 degree phantom imaging）技术与全息投影技术相似，也是制造出悬浮于空中的三维立体影像，在部分博物馆、展览馆也得到了一定的应用。但是，它需要布设投影箱，影像是呈现在箱体内。因此对无障碍展示有一定的限制。

5.水幕投影、空气投影等探索阶段光影技术

如果说全息投影和360度幻影成像等都需要投射到屏幕上，那么水幕投影和空气投影则不需要额外的屏幕，临界感更强烈。水幕投影是将光影投射到投影机发射出的“雾气”上，它的感观是一副透明的水帘，可完全透过水幕看到后面的景象；而且它的优势是在光线较强的地方，清晰度也比较高。空气投影也是将光影投射在水汽上，使用的是海市蜃楼的原理，借助空气中存在的微粒将光影图像呈现，使用一层很薄的水雾墙代替传统的投影幕。更为有趣的是，在该屏幕影像中人们可以随意穿梭，达到真人可进入视频画面的虚幻效果。在迷茫的雾屏上放映如幻似真的画面，能带给观众前所未有的视听体验。但是，这两种技术目前都尚不成熟，未能大规模推广。

（三）以数字技术为托手的文物展示传播的主要方法和途径

1.传统经典展示结合数字展示的方法和途径

加强传统展示传播方式与数字化展示传播方式的结合，让传统的展示传播方式成为新展示传播方式的一部分、新展示传播方式作为传统经典展示的重要拓展是方法途径之一。以文物的说明导览牌为例，传统的文物说明导览牌，在加入二维码的情况下，既满足传统实地说明导览的功能，符合中老年不太熟悉数字说明导览群体的需求，也能够满足年轻群体要求趣味、生动的要求。同时，传统的说明导览牌还是数字说明导览系统激活码的实物载体，为数字导览提供了扫码的途径。而且

经过权威部门设置安装的实物说明导览牌更有公信力，人们可以放心使用，降低了诈骗等行为的可能性和难度，实现了线上和线下的结合与互动。如果加上360度全景导览，更是可以实现线上游览和线下自动导览的功能。由于它是网页端支持下的线上内容，因此目前互联网的各种参与、评论功能也都可以复制进去，实现人机互动、人与人的互动。可以说两者较为完美地结合在了一起。当然，这种形式目前在北京和很多大中型城市比比皆是。但目前的最大问题是，大多数说明导览牌的线上内容单调，甚至与实体牌几乎无异，这属于没有将线上的巨大空间开发出来。另外，大多数说明导览牌没能实现网络平台的概念。也就是打开后是一个相对比较封闭和独立的后台内容，不能实现一个地区或者更大平台的互连互通，不能实现从一拓展到十再到无数的知识图谱网式的传播。因此，必须加强顶层设计，实现小独立点与大平台的对接。以传统书籍、杂志和画册等纸媒与现代数字技术的结合在理论上和实践上也是可行的，也可以作为方法和途径之一。基于图形识别技术的增强现实（AR）是非常适合与传统纸媒结合产生出全新展示传播成效的一种方式。另外，实物展品也可以通过AR增强现实技术，让参观者通过移动终端扫描后，显示出植入的三维模型、数字内容或小游戏等内容，增加展示内容的趣味性和参与性。如北京鲁迅博物馆就在展览中引入了AR增强现实技术，一方面复原了百草园的场景，让人们真切地感受鲁迅先生笔下的百草园；另一方面，鲁迅先生笔下的捕鸟场景等几个典故也被做成了互动小游戏，引得很多参观者玩得不亦乐乎。这种参与使博物馆更有生趣，更贴合年轻观众。

在传统展示传播空间开辟数字空间和内容也是方法和途径之一。如佩戴头盔的虚拟现实VR技术，目前是需要开辟独立空间进行展示的。这种技术由于是完全创造了一个虚拟的环境，具有超强的带入感和沉浸感。因此，适合历史场景的复原。

结合目前的三维全息投影技术也是展示传播的途径和方法之一。由于全息投影是借助透明的全息屏或者全息投影膜这种外设设备，创造出3D的效果，是一种数字光影技术，而且不像头盔版的虚拟现实设备会附加在身体上一定的重量，增加一定的负担。它是裸眼情况下的立体感受，配合声光电，因此更具有感官上的震撼力。张艺谋导演在韩国冬奥会上的“北京八分钟”就使用了这种技术（图五），带给了人们超震撼的感受。因此，很多遗址类的文物很适合这种表现形式，复原出其历史场景，再现辉煌原貌。但是，这种技术也有缺点，那就是只适合室内恒定光源和较暗的地方，强光和自然阳光下效果全无。这一点与目前开发的混合现实中较为成熟的微软产品hololens相似，都是强光下不

图五 “北京八分钟”全息投影的场景

清晰，因此使用受限。但是，这种产品也同样是一种优势，那就是它一方面促成了夜晚的时间和空间的利用可以体会白天与夜晚的不同，欣赏夜景也是一道风景线。另一方面，对于地下空间，它也很适合。更为重要的是，遗址类文物使用混合现实也将创造出一个巧妙的场景。如仅存一个台基的建筑遗址，通过这种技术将等比例大小数字建模后的模型投射到真实的台基上，虚拟模型便无缝地对接在了真实的台基上，从而创造出真幻结合的混合现实场景。当然，这种技术的投资成本非常高，且成熟度还不够高，无法满足大场景的复原，只能是一些小尺寸的场景。

2.用数字技术将物质文物与非物质文化遗产紧密结合进行展示与传播

在过去，由于所属管理部门的不同、各自行业特色的不同，物质文物与非物质文物各自单独展示传播的现象比比皆是，一座美丽的古代殿堂很可能是作为售卖现代商品的场所，而很多精彩的传统技艺也更多地在现代场馆内表演和展示。因此，本文提出：“我们应该回到过去，让非物质文化遗产能在自己产生的那个时代的建筑物中上演和延续，让物质文化遗产重新拥抱与它同时代的那些精彩的技艺。”这也非常符合目前所倡导的文物使用功能的延续性和相关拓展的原则。那么，一台别开生面的京剧能够在一座清代的会馆戏台上演，一位彩画的非遗传承人在一座宁静的四合院中带领小朋友们一起描摹绘制，这种结合更有意境，也更能引起人们共鸣，让人更加深切感受传统魅力的展示传播与利用方式。因此，探索在物质文物场所内展示非物质文物，使得物质的载体和精神传播合二为一，理论上是展示传播与活化利用的一种较为完美的方式。但是，目前由于受到人财物等各方面的限制，非物质文化遗产的传承人们不可能无时无刻不在那里表演，都在那里陪同。有些内容还是只可远观，不能参与。而数字技术恰恰解决了这个瓶颈，通过精细建模，可以高度模仿制作或者表演的整个过程，参观者随时都可以观赏。另外，通过植入互动环节，人们还可以参与其中，甚至能将参与的成果通过3D打印的方式快速实体化呈现并带走，当然也可以以数字虚拟化的成果带走，使人们更有参与感。如将古建筑彩画技艺在古建筑博物馆内进行数字虚拟绘制，人们可以带走自己的数字虚拟成果，也可以通过3D打印带走实体成果。当然，也可以通过远程在线虚拟绘制的方式或者远程虚拟绘制竞赛。

四、即将到来的5G技术为文物展示传播带来的新改变和契机

随着数字技术的进一步发展，5G技术已经成熟，目前日本、韩国均宣布在2020年左右全面推广5G技术。我国的5G技术在世界范围内属于领先地位，我国也有2020年左右将大规模推广的计划，而且在重庆等地区已经率先开展了5G技术的推广活动。在这种背景下，为文化遗产展示传播也带来了新契机。首先，数字内容数据量相对较大，因此数据流量是目前一个阻碍数字技术广泛传播的障碍。一方面，大量用户因为移动流量不足、不够使用，不敢轻易播放大流量的数字内容，担心产生大量的费用，从而阻碍了数字内容的广泛传播。另一方面，现有的3G和4G技术的数据流量不能满足大数据量的顺畅播放，用户在使用数字内容时出现卡顿、长时间缓冲等现象，造成体验度很差。其次，现有设备不能满足数字内容的播放。由于现有设备基本上是基于3G和4G技术开发的，有的甚至是2G技术的改装版，尤其是移动设备，因此播放大流量的数字内容，造成移动设备电量迅速消耗，不能长久支持播放，设备迅速发热升温，造成设备死机甚至是烧毁。这就限制了数字内容的随时随地和快捷灵活的特点和优势，人们还只能使用有线设备和固定地点。但是随着5G技术的来临，数据流量按照目前的技术

测试是每秒钟可达数10G，一部高清数字电影目前也就是几个G的数据量，理论上一秒钟就可以下载一部高清数字电影。而我们目前制作的文物数字内容，绝大多数没有超过数字电影流量的。以使用点云数据拟合高清照片建模生成的数字展示内容为例，一组由20栋单体建筑组成的三进北京四合院建筑群高精度建模后大约是20G左右的数据量。要播放这组四合院，全部下载到移动终端设备也就是一秒钟左右时间，不会有任何卡顿。更大数据量的模型，如故宫这种超大建筑群，可采取边播放边缓冲的形式，随着人们浏览对象的转换调取相应建筑的数据，也不会产生任何卡顿。换句话说，目前所有涉及文物数字形式和内容的展示传播在数据流量上将都不是难题，都能顺畅播放。

从设备的角度来看，5G的到来，以及目前正在储备的6G和7G技术，必将引起设备的更新换代，早在5年前，Google首席执行官就已经提出了物联网的概念。那时候，物物相连，不再依靠额外的移动终端设备，每一个使用的物体都是一个“移动终端”，都可以接收讯号和发射讯号。人们在任何一个空间内都可以点开一个物体让它播放想要得到的讯息，包括自身穿戴的衣物，都是接收和发射讯息的设备。从而实现“物物相连”的物联网时代。因此，基于5G甚至是6G和7G技术的展示传播，数字内容必将占据主导地位，这是技术发展的一个趋势。

基于以上，以数字内容为形式的文物展示传播是发展趋势。但是我们也必须认识到，数字内容的重点是内容，“内容为王”的主题不会改变，因此如何将经典内容转换为数字形式也是考虑的事项。只有拥有丰富的题材、引人入胜的内容才是王道。

《意见》中指出：“文物保护利用不平衡不充分的矛盾依然存在，文物资源促进经济社会发展作用仍需加强；……文物合理利用不足、传播传承不够，让文物活起来的方法途径亟须创新；依托文物资源讲好中国故事办法不多，中华文化国际传播能力亟待增强。”因此，结合新手段，开创新的展示传播方法，更加广泛地普及文物的内涵是保护利用的重中之重，是“讲好中国故事”的必由途径。

然而，我们也必须认识到，数字化保护利用手段并不是解决一切的万能钥匙，也有不足之处。它可能带来的人与人之间越来越少地面对面沟通，导致的冷漠化；长时间沉浸在数字空间带来的对身体的伤害等也都将成为新的问题。因此，从数字化保护的优势和不足两方面考虑和分析才更全面：用经典的传统方式为基础，以数字化技术为托手才是展示传播与保护利用的未来。

---

① 国际古迹遗址理事会，《文化遗产阐释与展示宪章》，序言。

② 故宫全景导览网站 http://webapp.vizen.cn/gugong-pc/index.html。

（作者单位：北京市古代建筑研究所）

基于虚拟现实技术的遗址展示

——兼论北京市大葆台西汉墓博物馆社教活动

宋伯涵　徐　超

随着科学技术的高速发展，虚拟现实技术在社会诸多行业越发受到重视，其价值亦在博物馆领域得到切实体现。大英博物馆和卢浮宫的虚拟博物馆风靡全球，反映了虚拟现实技术所具备的有别于传统博物馆的独特优势。而故宫博物院的“虚拟紫禁城”及首都博物馆在2016年3月举办的“王后·母亲·女将——纪念殷墟妇好墓考古发掘四十周年特展”里所设的虚拟现实体验区都得到了参观者的诸多好评。这些博物馆领域里虚拟现实技术应用的成功案例推动着国内其他博物馆虚拟现实技术的实践、利用。然而，有别于这些大馆、综合馆，遗址类博物馆由于自身特点，在虚拟现实技术的应用上需要区别对待、具体分析。本文即从北京市大葆台西汉墓博物馆虚拟现实技术应用的实际工作出发，简要探讨遗址博物馆虚拟现实技术的实施方案及其在社教活动中反应出的优势与问题，以求教于方家。

北京市大葆台西汉墓博物馆是北京地区唯一一座集中展示汉代王陵和汉代文化的遗址性博物馆，其所陈列展示的汉代“黄肠题凑”葬制在业界享有独特地位。博物馆自1983年建成开放以来已逾30年，因建筑使用安全隐患问题现已处于闭馆改扩建状态，目前社会教育重点是开展进学校、进社区一类的社教活动。近几年虚拟现实技术的不断成熟与运用正好解决我馆闭馆状态下无法参观遗址的问题：即通过虚拟现实技术，把遗址“装进口袋”进行巡展，生动、逼真地展示遗址原貌，拓展参观体验。

一、遗址类博物馆虚拟现实技术的实施方案

虚拟现实技术是由虚拟仿真技术、显示技术、传感技术和人工智能等多种计算机技术合成的高科技模拟系统。简单来说，它是指借助计算机及最新传感技术创造的一种新颖的人机交互手段。人们可以通过视觉、听觉、触觉等多种感官手段进行时空的融合与交互。遗址类博物馆针对遗址本身进行的虚拟技术应用，需要充分考虑到遗址本身的安全性及遗址内光线、复杂格局等问题。

我馆所做此项工作的基本技术路线：利用三维激光扫描技术获得点云数据，拍照采集纹理，经过拓扑、贴图生成三维场景，并将三维场景导入Unity3D，通过搭载VR设备的计算机实现虚拟现实体验。在执行过程中首先明确了目的与需求，并没有盲目过度追逐最新技术，而是力图使用已经相对成熟和可靠的技术达到预期效果。最终让遗址保护成果中的三维激光扫描数据通过虚拟现实技术在展示领域充分发挥作用，实现业务科研与教育服务的完美统一（图一—图三）。具体来说，虚拟现实技术的实施方案可分为以下几个步骤：

1. 遗址三维扫描

本次扫描工作主要采用了FRAO　X330

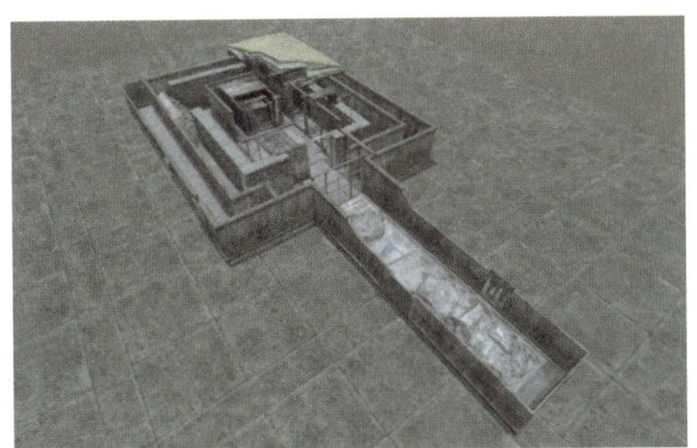

图一 大葆台1号墓遗址虚拟现实项目全景图

图二 遗址正面

图三 车马坑遗址

地面式三维扫描仪和FRAO Freestyle3D手持扫描仪两种设备。由于既要确保文物安全，又要尽量保证数据的完整性，再加上遗址内部工作空间狭窄，这就使得扫描工作充满了困难。此种困难尤其表现在站点的布设上：扫描点架设时需要对遗址进行充分避让，如此又对后期的拼接融合造成一定的影响。而在一些过于狭窄的区域只能使用手持扫描仪，最后再进行数据的融合。上述问题是遗址三维扫描过程中需谨慎应对之处。

2. 纹理采集

本次项目使用的纹理采集方法并非是对遗址进行直接扫描。这是因为采用直接扫描同时获取三维点云和表面纹理的方法对现场光线要求高，相关仪器的可靠性问题在现有技术条件下也较难解决。因此，我们另辟蹊径，首先通过激光扫描三维模型，然后使用数码相机对文物不同角度的纹理进行拍照，在后期处理中进行纹理贴图，以形成真实度较高的三维场景。实践证明这一方法采集效率高、经济性好，成品效果也有保证。

3. 处理扫描数据建立三维场景

采用直接扫描封装的模型点云数据量是巨大的，展示平台也无法支撑，且扫描数据在某些遮挡地方是完全扫描不到的。所以就需要利用拓扑的方法来重新建模。拓扑是在扫描模型的基础上重新绘制网格。这一方法大大降低了数据量，将高模变成了低模，从而能在展示平台上流畅运行。需要指出的是，贴图之后模型的精细程度与之前的高模是一样的。

4. 基于Unity3D的虚拟现实展示

Unity3D原本是一种游戏开发工具软件，其具备功能强大的渲染引擎，可搭建视觉拟真度极高的展示环境，并且支持多平台发布，可应用于多种终端设备。在Unity3D下凭借相关脚本即可实现场景漫游功能，其展示效果真实、可支持较高画质。适合用于具有沉浸式用户体验的虚拟现实展示。将建立好的遗址场景导入Unity3D制成交互式体验程序，结合沉浸式虚拟现实设备，就可以让体验者置身于虚拟场景。

经过以上步骤，最终的成果主要包括：墓室真实点云三维图像，墓室的封装模型（格式为obj），墓室重新拓扑、贴图的三维模型（格式为max、FBX、obj），模型附带贴图文件及unity交互式浏览程序。

二、虚拟现实技术在社教活动中的优势与问题

在大葆台西汉墓博物馆近两年的社教活动（进社区、进学校、临时展览等）中，虚拟技术发挥着举足轻重的作用。通过上述虚拟现实技术方案的具体实施，我馆将庞大的一号墓遗址浓缩为大小约98.9G的应用文件，然后依托电脑和VR设备将遗址“带”出博物馆，“带”进公众的视野里。这种在博物馆处于闭馆改扩建状态下利用新技术发展旧设施的办法，从一定程度上解决了无法参观遗址的问题，同时又开拓了新的参观领域。这是因为即使在博物馆正常开放状态下，出于文物安全的考虑，观众是无法进入墓室里面进行随意参观的。有赖于虚拟现实技术的合理利用，观众可以在虚拟环境下的墓室中行走、感受“黄肠题凑”、近距离观察车马坑遗址（图四、图五）。这些都是在以往的参观中无法实现的。

另外，将遗址“带”出博物馆，使文物“活”起来，有效扩大了博物馆的社会影响力。观众可在交互体验中直观感受

图四 将遗址“搬”进校园

图五 本文作者（宋伯涵）在引导学生进行体验

汉代文化，既能解决以往对于汉墓、葬制的好奇，同时又能够激发新的学习热情。这点在博物馆的社教活动中得到了充分体验：观众从一开始的好奇或惧怕的心态，通过沉浸性体验之后，能够发展到对墓葬内的细节进行发问探究。众所周知，汉代存在着“事死如事生”的丧葬习俗。而这一理念在大葆台一号墓的充分体现，能够为观众在体验墓室行走后提供向汉代人的生活、汉代文化乃至传统文化发问学习的桥梁。

但是，笔者以为，与虚拟现实技术在社教活动中所表现的优势相比，其在实践过程中产生的问题与不足更值得注意。

1. 虚拟现实技术对于观众群体的限制

博物馆是面向社会公众的，其所开展的社教活动应当是针对各个层面、年龄阶段的公众人群。高新技术的出现，面临着人群接受度差异的挑战。对于虚拟现实技术来说，最大的问题就是要让不同年龄段的人能够适应并且接受这样的展示手法。这就需要一部分的人力反复向观众进行推广、引导。在我们的社教活动中，可以发现青少年容易接受这种体验，而老年人相对抵制。另外，由于个人身体状况的不同，在体验这种沉浸式虚拟现实技术时，有的人会出现晕眩、不适甚至呕吐的情况。而这一问题目前还没有解决方案。

2. 沉浸感体验不足

虚拟现实技术现阶段采用的无论是键盘、鼠标，还是手柄或头盔之类的控制器，都不是理想的交互工具。使用者戴上头盔以后进入了一个精神世界，但是他的身体还留在现实中，前后走动被约束在一个很小的现实空间内。而且，只有戴上头盔的人才能体验，其他人只能旁观，旁观者的言语动作又会反过来干扰体验者的沉浸感。在实际工作中，我们还需要留心孩子们的动作幅度，因为时常有孩子走出仪器覆盖范围或者撞上显示屏。

3. 技术和成本问题

我馆社教活动所采用的这套虚拟技

术，重点放在了遗址本身的模拟还原，使用者仅仅是在遗址内“走上一走”，除此以外所有的触摸都没有进一步的交互行为。需要指出的是，虚拟现实技术要实现最好的交互和沉浸感，其着眼点并非是展品或遗址的三维建模，而是要考虑、实现符合人们的虚拟行为方式。这就必须捕捉观众的全身动作并传递给虚拟技术的应用程序，然后把观众在遗址中的位置和运动轨迹反馈给虚拟的场景，之后再实现观众与场景中的展品或其他物体的交互。这种理想状态的交互对于技术和成本的要求非常之大。

4. 遗址本身的信息无法得到充分体现

遗址本身包括非常庞大的信息量，比如文物背后的历史信息。这些信息目前受限于现有技术和成本的问题，无法在体验过程中得到交互式反馈，只能让博物馆工作人员在一旁补充。如此一来，虚拟技术的体验成本无形中又在增加。

总的来说，以提供一种三维的感官体验为根本目的的虚拟现实技术在当前阶段还不够成熟，存在着诸多问题。但是作为当下博物馆参观的一个有效补充模式，仍然值得进一步的发展利用。从遗址博物馆角度来看，虚拟现实技术在实施过程中需要充分考虑到遗址本身的实际情况。当它被用于展览、社教活动时，又需在明析利弊的情况下扬长避短，从而充分发挥虚拟技术所具备的优势。

（作者单位：北京市大葆台西汉墓博物馆）

国内外遗址案例分析对清代皇家园林遗址保护与展示的启示

张 龙　刘生雨

一、清代皇家园林遗址保护与展示概述

清代皇家园林极为鼎盛，乾隆年间皇家园林的建设达到高潮，形成了以内廷宫苑、皇城禁苑、离宫别苑、行宫御苑为体系的苑囿系统。乾隆末年，清王朝国力衰微，嗣后继位的帝王无暇于园林建设维护活动；咸丰十年（1860）英法联军、光绪二十六年（1900）八国联军两次焚掠三山五园，战后清廷囿于财力仅重修部分建筑，大量园林建筑沦为遗址；民国时期皇家园林在战争中不断衰败，中华人民共和国成立后部分园林或辟为农田或被单位占据致其历史格局改变；加之自然环境对遗址本体的侵蚀，形成了今日所见的园林遗址格局。

清代皇家园林中除圆明园全园皆为遗址外，颐和园、香山静宜园、玉泉山静明园、承德避暑山庄等皆存在遗址，山水建筑格局相对完整、建筑遗存丰富，需加强保护。各园林遗址具有以下共性特点：遗存数量大，精美园林与残败遗址并存；园林遗址与自然共生，布局分散，保护与修缮难度大；破坏因素相似；保护与展示工作有待加强。园林遗址保护与展示工作面临着建筑遗址构件缺失、风化酥碱严重、园林意境与历史形象不符、山水格局改变、保护修复措施不当等保护方面问题，以及遗址信息未得到全面展示、展示方式单一、公众参与度不足等展示方面问题。

天津大学建筑学院建筑历史与理论研究所近年来对圆明园、颐和园等清代皇家园林进行了深入研究，完成遗址综合现状、价值评估等工作，明确遗址保护方法、展示目标、展示方法与展示内容，编制了《圆明园遗址专项规划》《颐和园赅春园遗址保护性展示规划与复原设计》等规划文件，形成了完整的遗址保护与展示的工作流程。

二、国内外遗址保护与展示案例分析

针对清代皇家园林遗址保护展示需要，梳理了欧美、日本及国内遗址案例的展示实践特色，为借鉴工作经验，探索和解决园林遗址保护与展示等相关问题提供理论和实践支撑。

（一）欧美案例

1. 富兰克林故居

富兰克林故居是本杰明•富兰克林（1706—1790）在费城的居所，位于街区庭院内，1812年建筑被拆毁，庭院再开发为创收财产，20世纪50年代进行考古发掘。1974年，文丘里事务所在遗址上进行景观和纪念馆设计，庭院内修建了两座由钢管组成的“幽灵结构”（图一），展示庭院内原故居和印刷店的建筑轮廓，在遗址原位上加建混凝土罩使游客观察地下考古遗迹（图二），使用铺地变化标示房间布局。纪念馆位于庭院地下，入口在“幽

图一　富兰克林故居住宅和印刷店遗址及庭院景观

图二　富兰克林故居遗址观察口

图三　和平祭坛采用多种展示方式

灵结构”下方通道处，采用可活动的帆布屋面及沿墙面延伸的砖砌长椅，营造了展馆外的公共空间。从室外由坡道进入地下展馆，强调时间与空间的行进变换，给予人发现的感受和戏剧效果。

2. 和平祭坛

和平祭坛位于意大利罗马，是供奉和平女神的祭坛，于公元前13年修建，以庆祝罗马皇帝凯旋。1568年至1880年间，和平祭坛的雕刻碎片不断被发现，1903年和1937年先后两次进行了考古发掘。1938年，祭坛重新拼接并进行覆屋保护，作为创造古罗马“主题公园”的一部分。2006年，和平祭坛博物馆开放，遗址展示采取了模型和实物展示相结合、遗构碎片实物展示、多媒体展示、展板展示多种方式，在展示遗址的同时容纳公众展览和文化活动（图三）。

3. 圣乔治城堡考古遗址博物馆

圣乔治城堡考古遗址博物馆位于葡萄牙，遗址所在地历史可追溯到铁器时代。1996年全面考古发掘发现三层遗迹，从上至下为15世纪宫殿遗迹、中世纪穆斯林居住地遗迹、铁器时代遗迹。在展示方式的设计上，针对三层性质、特征不同的遗迹，在不破坏遗址的情况下采用了露天展示、增加展示辅助设施、增加新型现代材料、复原空间体量的展示方式，极大地丰富了展示空间和公众体验，展示方式灵活

图四　圣乔治城堡考古遗址整体现状

图五　圣乔治城堡考古遗址露天展示

图六　奈良头塔遗址现状

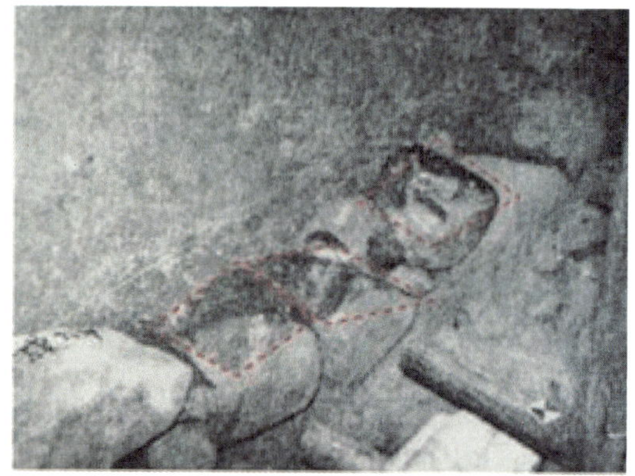

图七　整修过程中加入铅板（红色虚线部分）

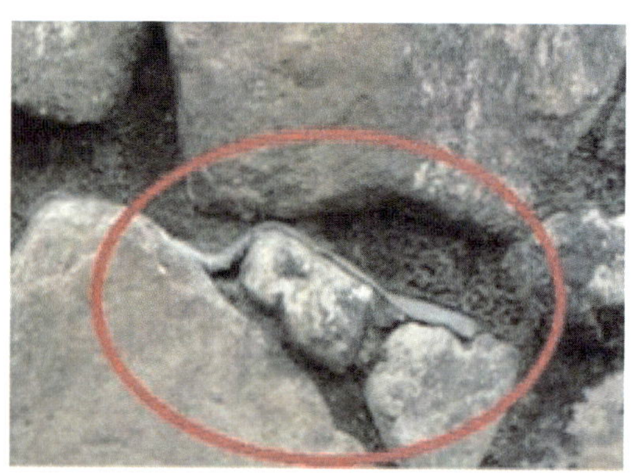

图八　整修后铅板外观

多样（图四、图五）。

（二）日本案例

1. 奈良头塔遗址

头塔遗址位于日本奈良县，传说是古奈良时期僧人的墓地（图六），遗址整治工作伴随1986年发掘调查进行。基于保存头塔内部的目的，奈良头塔采取覆土保护和修复展示。头塔石基上含有各段1/3程度的残损遗址，残损部分上面缺失2/3的石基，残存部分之上的石基有支撑强度

图九　奈良头塔架设木栈道

图一〇　休息亭内观察头塔的景象

图一一　结合休息与展示的休息亭

图一二　头塔北侧展示休息亭

的要求。选择奈良当地石头对台基进行补砌，确保尽可能与原状相符。残存石基与复原石基之间增添了厚度为3毫米的铅板（图七），作为遗址复原位置的明确标识，处理过程中使铅板断面小口处与石基外侧面对齐，补充用墨书在铅板上记录修整的年代以备后世整修（图八）。

在展示方式方面，设立木栈道隔离遗址和外界环境（图九），防止头塔被人为破坏，适当抬高木栈道高度，使游客便于观察遗址。在木栈道北侧设计了展示休息亭（图一〇），形成小广场使游客近距离观察头塔，创造了停留观景空间，并在休息亭内置入介绍展板和休憩座椅，提供了怡人的展示休息空间（图一一、图一二）。

2. 秋田城迹

秋田城迹位于秋田县，始建于日本天平五年（733），1939年指定为国家历史遗址，1996年复原整治外城墙东门、筑地坪和大路，经过整治现为高清水遗址公园。在复原东门城墙中，按照原有施工方式复原遗址东部筑地坪，考虑了地震及筑地坪的重量对于地面遗构的影响，城门柱子采用内部中空的钢管插入钢筋混凝土基础作为立柱骨架（图一三），复原展示增

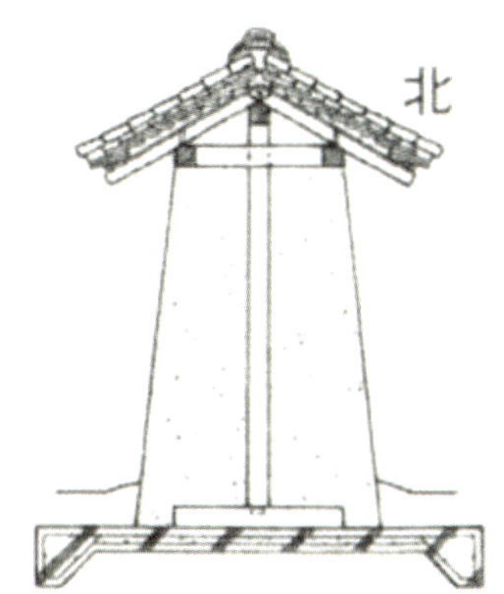

图一三　秋田城迹复原筑地坪剖面图

图一四　秋田城迹复原城门及筑地坪断面展示

图一五 多时期复原模型对比

图一六 复原模型与展板结合展示

图一七 遗址展览馆

加了游客体验真实感（图一四）。采用了模型与展板相结合的展示方式（图一五、图一六），使公众了解遗址不同时期的建筑格局和形制变化。在遗址附近设立遗址展览馆，展示遗址模型、考古挖掘出土文物及相关建筑工艺和整治复原时期相关记录档案（图一七），做到了信息公开。

3. 元箱根石佛群

元箱根石佛群位于神奈川县，始建于日本镰仓时代后期，由于地震、泥石流等原因造成石佛群被掩埋，于日本昭和十六年（1941）成为国家历史遗址。石佛群中六道地藏石佛高约3.5米，为日本关东最大的石佛。为了防止六道石佛受到风雨侵害、阳光暴晒，经过遗址勘探挖掘调查及学术研究，按照室町时代的建筑形式进行复原，对石佛进行覆屋保护（图一八）。由于常年的风化作用，石材的龟裂越发严重，对于遗址石佛表面进行保存处理与龟裂填充黏结，修理了右手锡杖与眉间白毫。对于出土的石佛石碑进行防水及龟裂加固，将其置于六道石佛的侧面进行展示。由于遗构处于山地地段，易受滑坡、崩塌、泥石流影响造成遗构石佛群被掩埋破坏，因此对于周边不安定斜面和岩块进行加固处理。

（三）国内案例

1. 大明宫遗址公园

大明宫是唐太宗始建、经唐高宗完成的一座大型皇家宫室，废毁至今已有千

图一八 元箱根六道石佛覆屋室外与室内效果

图一九 大明宫遗址公园丹凤门

余年，地面建筑早已不存。除了地面有12处夯土基台外，其余均埋于地下。经考古发掘后，已探明40余处遗址。大明宫遗址分为殿前区、宫殿区和宫苑区，沿南北中轴线布置，即丹凤门——含元殿——宣政殿——紫宸殿——太液池——玄武门。

丹凤门是遗址内唯一一座在原址上重建的新建筑（图一九），成为遗址公园的标志性建筑，采用室内露明保护、城楼意象覆屋展示方式，作为遗址博物馆。含元殿是大明宫的主殿，对含元殿遗址进行了两次发掘，殿基高出地面数十米。保护与展示工程采取了复原砖包砌台的形式，以此来保护基址的夯土。在遗址上先铺设保护土层，再铺上建设土层，在土层上复原台基。遗址北侧使用了钢架结构柱础，铺有木栈道，连接遗址台阶达到保护遗址的目的，这种方式是大明宫遗址公园宫殿遗址的主要保护展示方式。

2. 圆明园含经堂

含经堂位于长春园中心地带，是该园内最大的园林建筑风景群。始建于清乾隆十年（1745），是乾隆为归政后颐养天年而建。1860年英法联军入侵北京，圆明三园罹难，含经堂也未幸免，后期砖石材料又被盗卖一空，所幸后来的移山填水过程中，未将含经堂全部垦为农田。2001年起，文物部门对含经堂遗址群进行了全面考古发掘和工程保护。

在保护与展示方面，采用传统工艺的保存方法，即在严格保留遗址遗存的前提下，采用可逆的传统工艺砖砌的做法对

图二〇 含经堂遗址整治后

图二一 示意展示中加入复原部分台明

图二二 ipad 虚拟复原

遗址整体进行覆盖（图二〇），疏通原有排水系统并加以利用。采用覆盖的保存方法，通过玻璃覆盖的方式展示挖掘现场。对基础保存比较好的三处遗址——澄波夕照、得胜概、静缘亭进行基础复原修复。采用示意与复原相结合的复原方式，在示意展示中加入复原部分（图二一），通过对建筑构件的归位、标识等手法使公众看到含经堂遗址群的平面、立面结构和广场、牌楼及建筑的对称布局。使用虚拟现实的展示方法，公众可以向圆明园管理处租借iPad，扫描遗址上二维码观看含经堂复原效果图（图二二）。

（四）启示

综合欧美、日本、国内案例分析，遗址保护与展示具有保留破坏信息、保留遗址残损状态、强调公众参与的共同特点。遗址保护是不断发展的过程，保存遗址修复前后两种状态的多种信息，选择相近的材料进行修复及修复时通过创造新旧界面标识的方法区别修复前后状态的做法，满足了保证遗址真实性的要求。在遗址展示方式上，使用实物复原展示、模型展示、露天展示、博物馆展示、虚拟展示等多种展示方式展示遗址相关信息，可以提升公众体验，加深公众对遗址保护的认知。

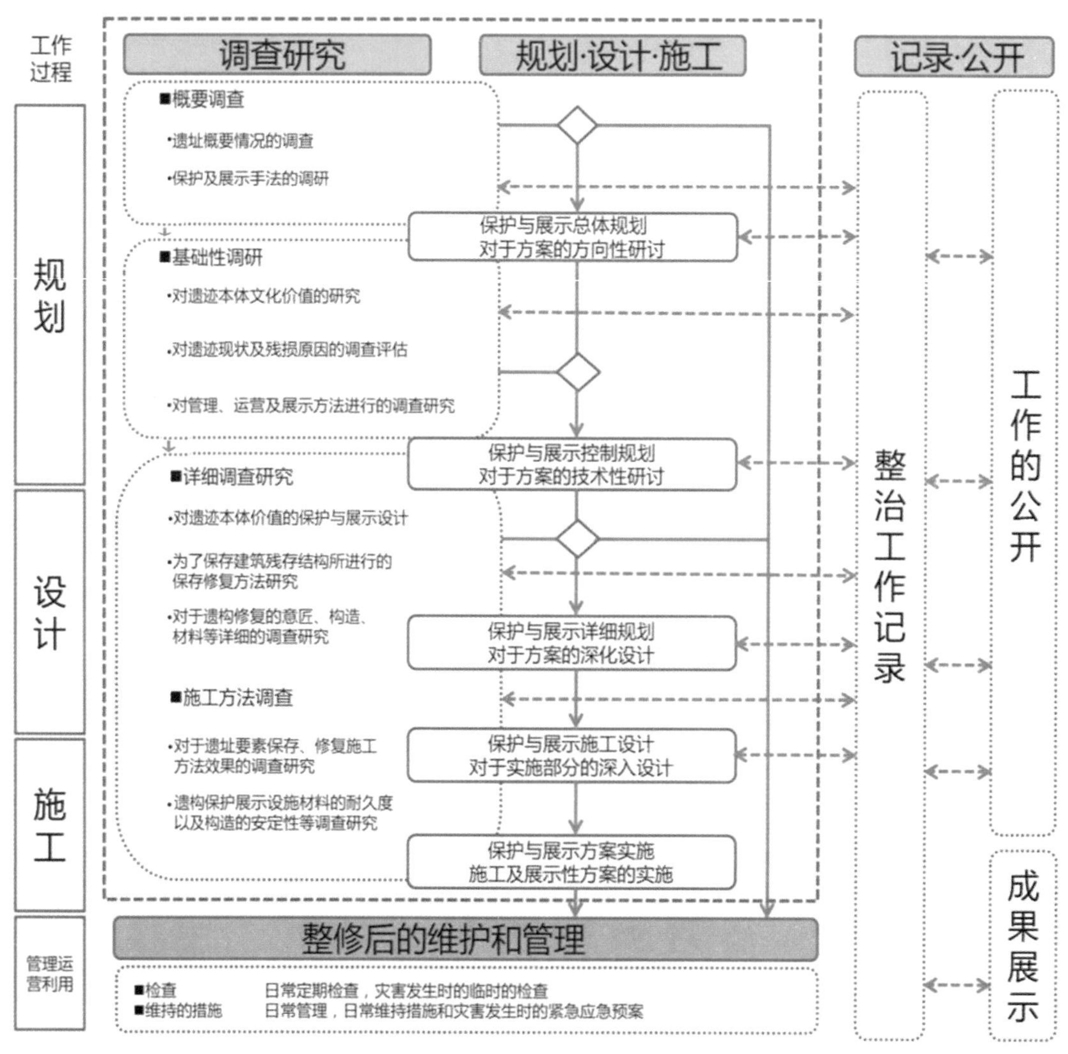

图二三　遗址保护与展示工作流程

附表 调查研究内容

		调查内容
概要调查	遗址本质价值	1.遗址所处历史、自然、社会环境 2.遗址范围、位置 3.遗址要素
	以保护与展示为目的的调查	保护与展示初步构想、案例研究
基础调查	遗址本质价值	复原研究 1.观赏利用管理的历史沿革 2.造园过程 3.构造做法
	以保护为目的的调查	遗址要素的保存状况和影响原因
	以展示为目的的调查	展示方法
详细调查研究		1.本体价值保护与展示设计 2.建筑残存结构进行的保存修复方法研究 3.遗构修复的意匠、构造、材料
施工方法调查		1.遗址要素保存、修复施工方法效果 2.展示设施材料耐久度及构造稳定性等

三、遗址保护与展示工作流程

综合国内外遗址保护与展示案例分析研究，结合近年来对圆明园及颐和园遗址的工程经验，总结出了适用于园林遗址的工作流程（图二三），包含调查研究、保护与展示整治、整治后管理、全过程记录与公开四方面。

调查研究是遗址保护与展示全流程的基础和前提，同时指导规划设计，并随着工作开展逐步深入。调查研究从遗址本质价值、保护方式、展示方式三方面开展，分为概要调查、基础调查、详细调查研究、施工方法调查四个层次，调查内容根据层次不同涵盖多方面（见附表），调查方法包括史料调查、现场勘查、相似案例调研、发放调查问卷等形式。

遗址保护与展示整治是调查研究成果具体化的过程，根据遗址六要素即地形、山石、水体、植物、建筑物、构筑物的特性确定保护与展示方式。遗址保护与展示整治工作结束后，检查与维持管理是使遗址保持良好利用状态的必要措施，是工作流程中必不可少的环节。保护与展示全过程的记录与公开是与公众建立联系的重要过程，由于对遗址的认知处于不断深化的过程，过程记录有助于今后保护展示的发展，信息公开有助于发挥遗址的科普教育作用和激发公众参与。

致谢：文章融合了天津大学建筑学院2014届本科生卢冬妮、杜松毅的毕业设计成果，特此表示感谢。

（作者单位：天津大学建筑学院）

法国卢瓦尔河谷等遗产保护利用实践给三个文化带管理战略的启示

刘保山

一

《北京城市总体规划（2016年—2035年）》进一步明确了北京城市发展方向和重点，突出水城共融、蓝绿交织、文化传承的城市特色，强化首都风范、古都风韵、时代风貌的城市特色，构建全覆盖、更完善的历史文化名城保护体系，其中包括实施三个文化带战略，重点推进大运河文化带、长城文化带、西山永定河文化带的保护利用，这给北京地区的历史文化名城和文化遗产保护管理工作提供了新的机遇和挑战。

2018年11月，笔者参加了中国古迹遗址保护协会（ICOMOS CHINA）联合法国大使馆举办的法国世界遗产培训考察活动，学习法国的遗产管理理念、框架，特别是卢瓦尔河谷等世界遗产的保护管理实践经验。作为现代遗产保护理念最早的发源地之一，法国在世界文化遗产领域拥有完善的法律体系、丰富的管理网络、深厚的文化土壤、广泛的民众支持，其遗产管理思考和实践也一直在持续不断发展。这些经验包括遗产可持续管理、遗产传播媒介、遗产增值等内容，法国众多遗产专家、市政官员、遗产地负责人等提供了大量的实践经验和信息分享，笔者进行了简要梳理，期望对北京地区历史文化名城和三个文化带保护利用工作提供有益的借鉴与参考。

卢瓦尔河谷，于2000年列入世界遗产，符合标准Ⅰ、Ⅱ、Ⅳ，总长度280公里，遗产区8.6021万公顷、缓冲区21.3481万公顷，包括河道、两岸历史城镇、城堡及森林公园等，是文化景观的杰出范例。此外，卢瓦尔河谷还是法国著名的葡萄酒产区，是农业景观、文化景观、历史城区景观结合的范例。可以说卢瓦尔河谷地区，也是名副其实的大型“文化带”（图一、图二）。

二

法国在遗产管理方面做出了卓越实践与探讨，这些管理呈现一种泛化趋势，泛化是指将原有遗产核心区内的价值传承和保护管理方式像涟漪一样扩散开来，溶解在城市管理与社会生活的方方面面之中。虽然法国在文化传统、社会制度、发展阶段等方面与我国有很大不同，但仍有许多实践经验值得我们去借鉴和思考。主要表现在以下几个方面：

1. 保护理念的泛化

坚持以人为本，促进文化与自然遗产的融合发展，避免相互割裂；在保护管理工作中致力于历史、现实、未来的融合，以遗产管理策略增强城市魅力和活力，面向未来、促进社会可持续发展；在保护遗产的同时，注意遗产与自然环境、文化空间、背景环境的和谐共存、整体保护、有机传承（图三、图四）。

2. 保护对象的泛化

在遗产的认定登录方面，不再局限于

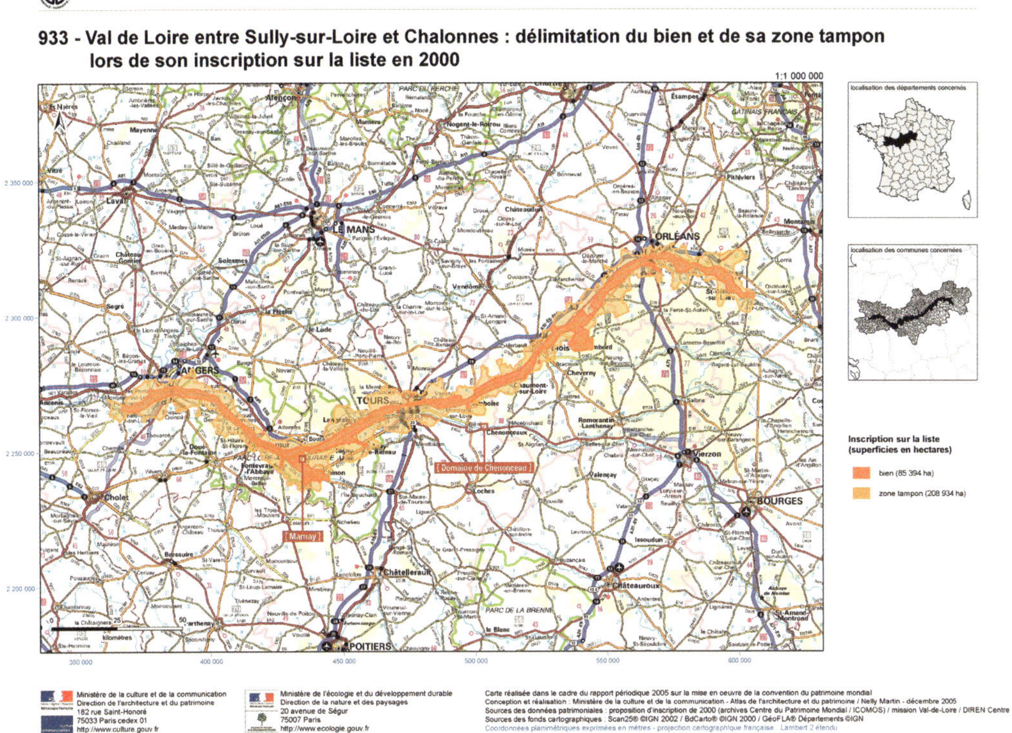

图一 卢瓦尔河谷遗产区、缓冲区分布图

图二 卢瓦尔河谷葡萄酒产区分布图

19世纪以前的遗产，时间维度上扩展至20世纪（图五）。空间维度上，除了落实对世界遗产公约的承诺，还将遗产管理融入整个城市管理进程，将管理范围扩展至遗产区乃至缓冲区之外的更大范围，考虑整体性景观即文化景观与历史城区景观的保护管理，2016年通过法令推出了“卓越遗产遗址”计划，将ZPPAU遗产保护区（或建筑保护区）、风景保护区、AVAP建筑和遗产保护美化区统一整合为综合保护区，取

图三 图尔市历史城区景观

图四 紧邻图尔市历史城区的卢瓦尔河谷景观

图五 布卢瓦市19世纪传统建筑遗产与新列入保护名录的20世纪遗产和谐共存

代原有三个法令分别确定的保护区，有时候比遗产区、缓冲区的范围更大。比如阿尔比主教城遗产负责人表示，报送联合国教科文组织的遗产区、缓冲区仅为主教城区域，而该市实际的遗产管理空间为整个城市加上近郊农业和森林区域，不仅城市内景观得到保护，甚至考虑了城乡联动、对郊区望向历史城区的整体视觉景观进行保护，即城乡一体化景观保护（图六、图七）。类型维度上，除了考古遗址、历史建筑、历史城区等类型，工业遗产等新的文化遗产类型也得到了越来越多的保护，并为工业遗产管理进行立法，使其取得与传统文化遗产同等的法律地位。

3. 管理机制的泛化

一是对文化部、环境部等管理部门进行分工协同，共同开展遗产管理特别是文化景观管理；文化部等在各大区和地方设立直属分支机构，全程参与到遗产日常监管和方案审核实施中。二是管理体系上四级联动、上下打通，陆续将世界遗产的管理权下放至地方政府，中央、大区、省、市镇或所有者几方共同派员、出资进行遗产管理，世界遗产协会等众多社会组织协同参与；由于卢瓦尔河谷沿线城镇众多、面积巨大，中央政府与沿线地方政府等共同组建了“卢瓦尔使命”专门管理机构（图八），以便加强对卢瓦尔河谷相关建筑、文化和自然因素的协同保护。三是世界遗产的管理方式泛化至其他遗产，法国的列级遗产、登记遗产、缓冲区内的“卓越遗产遗址”按照同样的理念受到严格保护；布卢瓦市还参照世界遗产保护和资助的方式，推出十年期修缮计划对城镇内其他普通建筑进行改善修缮，吸引原有老城居民回流，精心为公众营造凝视遗产、体验遗产的空间，补充旧城地下停车场等基础设施，提升旧城区生活水平和遗产城市

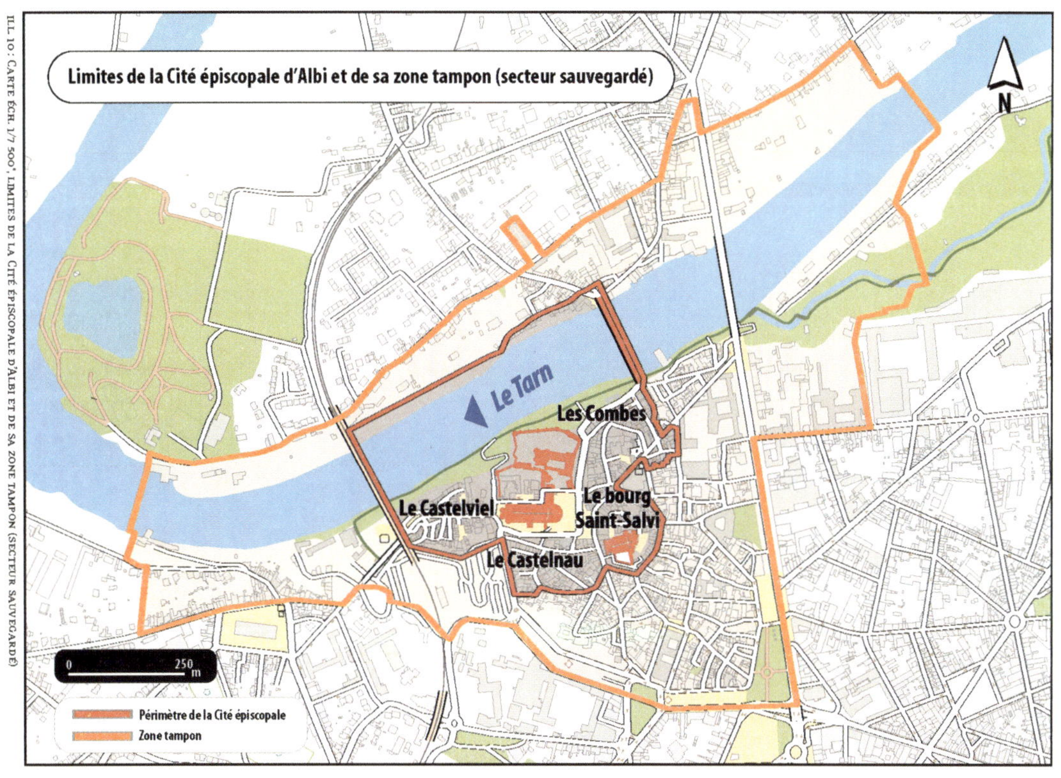

图六 阿尔比主教城遗产区与缓冲区图（报世界遗产中心版）

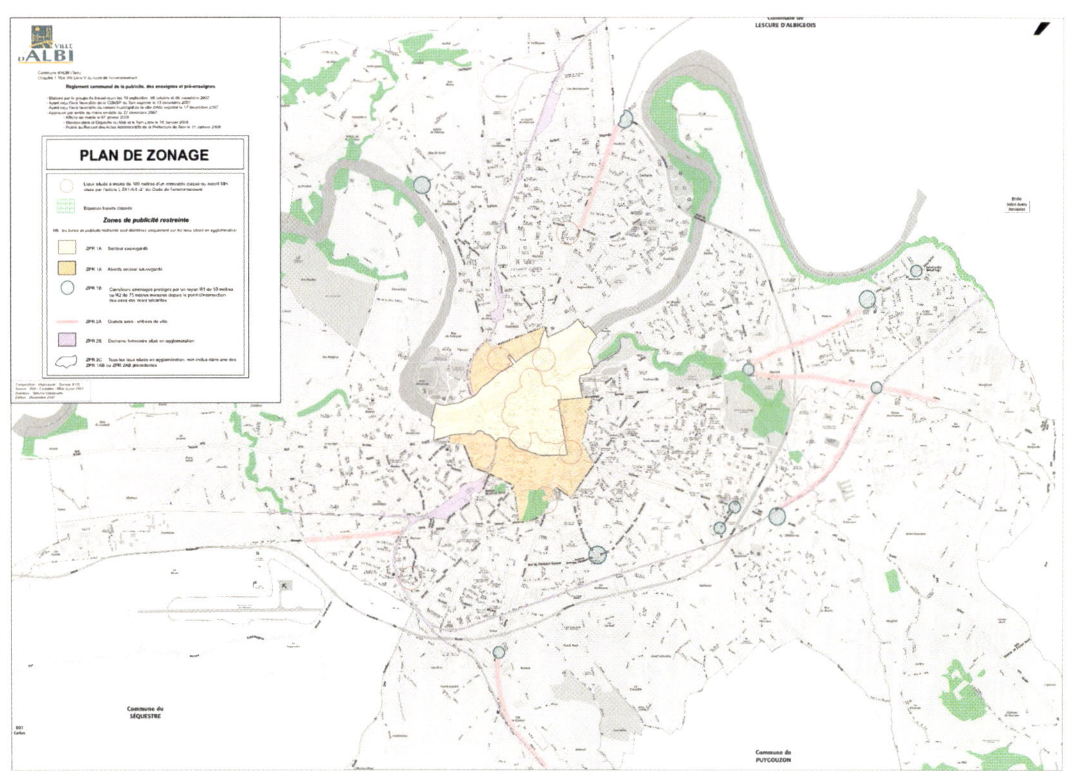

图七 阿尔比主教城自行扩展的实际遗产管理范围图

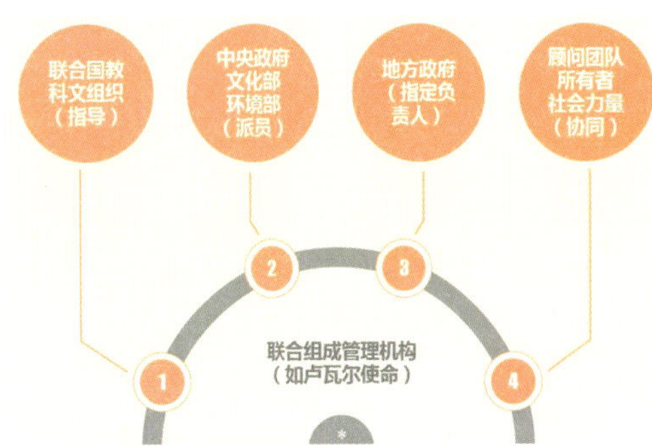

图八 典型遗产管理机构的构成：卢瓦尔使命

图九 布卢瓦市历史城区内的普通建筑外观修缮也得到了政府资助

图一〇 图尔市内有轨电车系统与历史城区和谐共处

活力（图九—图一一）。

4. 遗产增值的泛化

通过细致的管理与阐释工作，致力于遗产增值工作，这种遗产增值既有遗产核心价值阐释、阐发的含义，也有遗产为公众、为社会提供更好服务的经济社会含义；与其说是在进行遗产增值，不如说是通过遗产在为整个社会发展增值。

增值举措方面，一是注重遗产价值的挖掘与阐释，具体的遗产保护项目中前期研究与实施工作并重；另一个是通过艺术节、文化项目等丰富的活动提升遗产活力，致力于更好地传播遗产理念与遗产价值，提升文化软实力乃至国际影响力。再就是构建广泛的、多专业合作网络，鼓励全社会共同参与遗产管理，吸纳公益捐款、私人基金，地域涉及法国、欧盟乃至全球范围的合作，改善遗产的状况并使其焕发魅力，这个过程同样能够增强遗产的影响力。

图一一 为公众营造休憩与凝视遗产的微型公园及滨河文化公园内暗藏的地下停车场

比如卢瓦尔河谷地区的香波城堡前的一片园林景观就是由美国一家私人基金资助并持续支持养护费用（图一二），有时还会给予资助者特殊回馈，允许资助者使用香波堡特有标识在其活动中，反而增强了香波堡的国际影响力，可谓一举两得。肖蒙城堡每年都会举行长达6个月的自然艺术节，来自全球各地的艺术家共同参与园林景观的创意设计（图一三、图一四），而该城堡建筑本身在卢瓦尔河谷地区并不算是恢宏壮观的，但每年吸引了42万游客到访。

图一二 香波城堡前由美国私人基金资助的整治维护园林景观项目

图一三 肖蒙城堡对自然艺术节期间园林景观精致的设计

图一四 肖蒙城堡自然艺术节期间艺术小品装饰

5.遗产传播的泛化

将遗产视为文化传播媒介，组织44家世界遗产地建立世界遗产协会，形成信息交流和管理经验分享平台，设置遗产媒介传播专员，定期开展人员培训工作。在公众教育方面，开展了很多探索，特别是注意儿童和青少年的遗产理念启蒙，与学校合作制作遗产小册子提供给教师，内容设计与学校课程设计相符合，通过教师向学生传递遗产知识；在博物馆、景区或遗产阐释中心设立专门为儿童服务的趣味空间与体验区域，文化媒介传播员针对不同年龄段的儿童进行相应的遗产知识分享。在审美养成方面，也做出了很多尝试，肖蒙城堡还担负起周边社区园艺设计培训基地的责任，每年都对周边园艺工人进行艺术培训教育。在文化体验方面，更是下足了功夫，夏季高峰期间甚至专门为游人开放夜景游览，还会鼓励公众亲自动手播种或参与园艺营造和一系列手工艺体验项目（图一五）。

三

综合上述实践情况，这种遗产泛化、溶解式的管理包含了保护理念、保护对象、管理机制、遗产增值、遗产传播等多个维度，是世界遗产公约精神的延续和发展，有利于增强世界遗产与社会生活之间的联系，有利于适应大范围文化景观遗产的保护管理需求，协调不同法律、不同层级、不同部门之间的管理权限，化解遗产保护与历史城市正常发展之间的矛盾。

相比以往“盆景式管理”的模式，遗产的泛化管理给现有法律制度、管理体系和管理人员带来的挑战和困难是非常大的，越是泛化，难度越大。这就需要逐步构建一个全社会广泛的合作网络，需要法律框架、管理机构、管理体系、经费支撑、人员素养、社会共识等方方面面的配合，形成“共同治理”模式，这与“三个文化带”战略的设立初衷不谋而合。

图一五 肖蒙城堡自然艺术节中国际艺术家的创意（游客自取种子参与园艺营造）

其实文化遗产更像是一个社会的基因（DNA），基因的特点是内在序列较为稳定、携带重要遗传信息，虽然偶尔变异但能够实现代际传承并影响生物的基本形态，也是决定生命健康的内在因素；文化遗产亦如是。我们珍视遗产的价值是因为我们希望遗产能够将重要价值传递给子孙后代，促进可持续发展。因此我们需要做的是更加深入和持续的研究与实践，把文化遗产的基本谱系、内在价值梳理出来，并能够通过保护管理与媒介传播等手段，把这种价值予以阐发，将遗产保护理念与方法融入城乡发展、社会生活的每一个细节和每一位公众的内心和情感之中，形成可传承的强大文化基因。

当前我国在名城保护、世界遗产保护、文物保护、传统村镇保护、历史街区保护及工业遗产、革命遗产、历史建筑保护等方面还存在不少的困难，如何在文化带的总体战略下统筹城乡规划、土地利用、遗产保护、文化产业等诸多事业的发展还存在很多矛盾和难点，比如遗产保护与城乡发展的矛盾、遗产价值与社区生活的割裂、不同遗产类型管理方式的割裂、世界遗产与其他各级不可移动文物管理方式的区别对待等，泛化管理模式为这些情况的改善提供了有益的借鉴。

（作者单位：北京未名文博文化科技有限公司）

论后申遗时代科学技术保护的重要性

——以元上都遗址为中心

杨星宇　郑承燕

2012年6月，第36届联合国教科文组织世界遗产委员会会议一致同意将中国申报的文化遗产项目元上都遗址列入《世界遗产名录》。元上都遗址成为我国第30项世界文化遗产，我国世界遗产总数达到42项，元上都遗址也成为内蒙古自治区第一个世界文化遗产地。

申请世界遗产是一个国家的文化战略，是有效提升国家文化软实力、彰显中华文化影响力的重要举措。在后申遗时代，如何兑现遗产保护地对世界教科文组织的承诺，如何处理世界遗产的保护、传承与开发的关系，这不仅是中国要面对的问题，整个世界都在积极制定措施，寻找更加合理的方案。作为元上都遗址考古发掘与保护工作的执行领队，笔者不揣浅陋，在系统介绍遗址展示路线中的科技保护措施的同时，也对后申遗时代科技保护的意义与作用进行深度思考，以求与方家共勉。

一、元上都遗址概况及特点

元上都是13世纪蒙元帝国时期兴建的一座草原都城，位于内蒙古自治区锡林郭勒盟正蓝旗东北20公里处的上都河北岸金莲川草原上。它北依连绵山岗，南临滦河，东西接广阔的草原，是13世纪中期北方游牧民族政权按照中原传统的“背山面水”“三重城相套”的建城模式兴建的一座都城。上都城始建于1256年，1358年被元末农民起义军焚毁。

元上都遗址的遗产区面积约251平方公里，包括城址、关厢、铁幡竿渠、砧子山墓群、一棵树墓群等。缓冲区面积约1507平方公里，涵盖了敖包群和保留至今的蒙古族“敖包祭祀”等传统人文景观及湿地、典型草原、森林草原和沙地等蒙古高原草原特色景观在内的遗址环境，具备很高的真实性与完整性。

世界遗产委员会认为，元上都遗址作为草原都城遗址，展示了文化融合的特点，见证了北亚地区游牧文明和农耕文明之间的碰撞及相互交融。元上都遗址符合世界遗产价值标准，满足遗产真实性和完整性要求，世界遗产委员会充分肯定了元上都遗址的保护管理状况，并认为遗址管理效率正在得到持续强化和提升。

二、历史保护措施

元上都被毁之后，有60余年的时间作为明朝抵御北元的卫所。明朝在元上都重新设立开平卫，并倚为军事重镇。其间，在元上都虽然没有进行大规模的复建工程，但作为边防要塞，明朝对元上都内的城墙进行了加固与维修。从考古调查发掘研究结果来看，元上都遗址确有多处地点

（多数为城墙）进行过修缮，所采用的技术手段基本以砖石共砌进行修补为主。此种保护修缮工程，只是出于当时防卫与居住的需求而临时采取的措施。

清代也对元上都遗址进行过重建或修缮。从康熙年间满蒙会盟开始，清政府首先在多伦地区建立了一个宗教寺院，距离多伦不远的元上都遗址，也成为当时建立寺院的地点：一是在遗址上重新兴建喇嘛庙，二是以原址为基础进行改扩建新，三是在城内重新选址兴建新建筑。根据史料记载，元上都在清代的再利用基本在乾隆之后就已结束。历经几百年的元上都遗址，留存着一份厚重的文化遗产。

三、遗址保护原则与展示重点

为有效保护好元上都遗址，加强爱国主义教育，增进民族团结，展示古代宝贵的文化遗产，挖掘其价值，元上都遗址进入了新的保护历程。按照文物古迹保护原则，元上都遗址的保护以“延续其生命，展示其文化内涵，促进民族自豪与自信”为宗旨，以不干预遗址原生状态、不采用重建方式、尽可能保护展示地点原始形态为根本原则。

根据上述保护宗旨和原则，元上都遗址的科技保护重点是已发掘出土、需进行展示的重点建筑。通过对元上都的研究，在展示规划的路线上要突出重要考古遗迹、突出重大事件的发生地，要确保交通便利、确保游览中能较好地理解遗址的重要性及可观赏性。

经多方论证，最终选取了遗址中轴线上的重点遗迹作为主要展示点，分别是进入元上都遗址区的古御道、进入皇城的明德门、皇城之中的御道、进入宫城的御天门、宫城内中央部位发生过重大历史事件的大安阁和可纵览全城的穆清阁高台建筑基址。通过点、线、面相结合的展示手法，将元上都的历史贯穿起来，使游客能充分了解元上都的科学、文化及艺术价值。

四、遗存病害分析

按照展示路线的要求，元上都的科技保护以对道路、城门建筑基址进行本体保护为重点，包括御道、明德门、御天门、大安阁、穆清阁等5处地点。鉴于元上都遗址为土质结构遗存，对上述各地点的特征与修建方法、现存状况进行分析后，发现遗存中存在着以下几类病害：

1. 顶部废弃后堆积。此种病害重点发生在穆清阁和御天门顶部。这些坍塌堆积物主要以碎砖和沉积土为主，整体结构较疏松，发掘后局部出现空档，原有的应力释放，使这些松散堆积物出现坍塌的危险。

2. 遗址本体墙砖破损残缺。此种病害重点发生在穆清阁、御天门、明德门三处地点。由于遗址发掘后应力释放和保存环境的变化等因素，本体砖出现破损、脱落。特别是底部砖体的不断脱落和风蚀，会影响到整个建筑体的稳定性。

3. 盐碱发育。此种病害主要发生在穆清阁、御天门、明德门三处的外包砖上，由于日常水汽运移，导致水分中的盐分在砖、石表面发生结晶，而砖属于多孔结构材料，盐分的反复潮解—结晶对砖体形成破坏。

4. 遗址建筑本体裂隙发育。此种病害在穆清阁遗存上发生得较为严重。这是由于卸荷、地震及植物根系的生长作用，导致本体出现了许多垂直的裂隙，并会逐步扩大最终导致整个建筑的坍塌发生。

5. 本体日常坍塌。此种病害主要发生在大安阁遗址底部台基，此处建筑本体由内部夯土外包块石构筑而成，块石采用干垒工艺而成，之间没有任何灰浆填充，受自然风蚀和人为踩踏作用，台基出现坍塌现象。

6. 人为破坏。这种病害有两种，其一主要发生在穆清阁，部分夯土台基底部被开挖洞穴，形成较大的破坏面，极易出现内部倒塌；其二是发生在道路及建筑顶部参观者人为的踩踏破坏。

五、科技保护实践

通过对元上都重点遗存病害的分析与调查，结合古代建筑传统手法所产生的危险因素，根据不同地点、不同病害，采取不同的保护方法，能有效遏制病害，延缓遗址寿命，更好地展示利用其现存的价值。因此，在对上述几处重点遗存进行保护时，重点要做好前后阶段的试验，以确保保护措施达到加固、减少破坏的效果。

在实施保护前，要分类对遗址本体加固材料进行前期试验研究。为确保加固工程措施的可行性与可靠性，按照土遗址保护加固经验，首先在室内开展加固材料与遗存本体材料混合后的各种性能的测试，形成具有水硬性、气硬性、强度可调节性的适用于岩土类遗址的保护材料。根据实验要求，通过采集现存病害遗存土，分别添加加固材料，配比成5厘米×5厘米×5厘米的小型试块，测试不同环境条件下的物理力学性能，进而比较加固前后遗存土的耐候性能。通过室内实验，选取适当的加固材料，对遗存进行了全面加固。

对于穆清阁、御天门遗存的保护，重点采取削坡处理，减少对基址下部的承受力，防止立面倒塌情况的出现。然后对所削坡后的堆积层采取花管注浆加固、挤密桩加固和表面防风化加固的组合性保护方式，有效提高了松散堆积表面的抗风化能力。

对大安阁遗存的保护措施，则与穆清阁和御天门有所不同，该处遗存没有形成上述遗存所特有的病害，因此按照古代建筑结构，采用原规格、原工艺的石块，对残缺部位及影响到遗址稳定性的部位进行外包石补强加固。对部分生长着根系较发达草木的地段，通过分析，采用只针对已对遗址产生裂隙破坏的植物使用生物杀灭的方法抑制植物根系进一步生长来处理，对其他植被仍保持原状。对施工过程中产生破坏原生草地的区域，采用种草籽和铺草皮两种方法进行复原处理。对明德门遗存的保护，则主要是根据明德门发掘后的状况进行分析，认为该处遗存体量高大，中部为门道，形成自然通道以供游人通过，而门道壁的砌砖总体保护较好的部分，采用了局部用砖砌筑加固、外侧采用木框架结构支承、地面铺设木栈道的方式进行保护。

对御道的保护，根据道路系统在现存状态下能比较好地辨识出来、不宜发掘暴露的方针，但又不能深度踩踏破坏，所以采用铺设砂石的方式进行保护。

通过上述各种不同类型的保护措施，元上都遗存的重点遗迹得到了很好的展现，达到了展示与保护相统一的目标，为今后古代遗址的保护提供了良好的借鉴：首先，对任何一处遗址的保护，均应以保护其特色、适应其环境、有利于利用为目标；其次，任何遗址的保护，均要建立在保护其原真性、研究其历史价值、探寻其古代建造原理与结构的基础上，采取不同的方式或方法进行处理，体现其历史文化信息；再次，在遗产的保护上，应尽量采取传统方法和材料进行抢救性保护，同时在不改变原状的基础上，在材料和工艺上增加现代科技含量，以提高其抵抗能力，使之具有可持续保护可能；最后，所有的古代文化遗产，均具有不可逆的特性，保护措施或方式要以科学的态度对待、从长远发展的角度来考虑，形成可逆性的保护方式，以便随着科技的发展，逐步采取更加有利、有效果的手段来处理。那种试图用一劳永逸的保护方案去对待所有遗址，特别是土遗址的方法是不可取的，会对遗址本体造成二次破坏，为后世留存一个失去原生面貌及其承载的历史信息的“遗体”。

六、科技保护现实意义的思考

中国古代文化遗产在其形成过程中，因地域、环境、民族等因素的不同，具有各自的特殊性。只有以实事求是和科学严谨的精神，才能还原一个真实的历史。面对世界文化遗产地元上都，如何实事求是地挖掘其价值、科学严谨地体现其精神，发挥其独特的教育作用，是本文力求要在研究中得出的结果。而这一研究结果最终必将转化到文化遗产保护的实践当中，实现指导现实、服务现实的目标，真正发挥应用学科的社会功能。所以，元上都遗存的科技应用研究，不只应对古今科技进行诠释与阐述，更应以对文化遗产进行有效、科学保护，促进其可持续发展作为终极目标。

古代科学技术的载体以实物资料存在于世，或见于地上或地下的文物遗迹中，或见诸史料文献当中，形成可移动与不可移动的古代文化遗产，这些遗产凝结着先民的智慧，昭示着古代人类的生存能力及对自然的挑战精神，以有形的力量激发起世人的民族自豪感和爱国主义情怀。通过对古人类遗留下的遗产进行研究，揭示其历史本来面貌，对于促进唯物主义历史观的形成、激发爱国主义和民族团结思想观，有着重要的作用。

除了古代的科学技术外，古代科技背后所蕴含的文化、精神、思想，是给后人留下的一笔丰厚遗产，它在无形中影响着后人的生活，丰富着后来的社会。科技考古学是研究古代科学技术的学科，也是利于现代科技研究古代遗产的手段与方法。通过科技考古研究所揭示出的古代信息，被我们吸收和研究，可以促进我们学习古人那种兼收并蓄、包容博大的情怀和精神，有利于我们改变世界观，推动历史向前的车轮，指导我们的行动实践。今天，我们通过科技考古研究古代遗产，从考古遗存中可以看出古代世界人类的交往，特别是我国古代文化对国外的影响，从而引发我们的民族自豪感，也进一步说明了“科学技术无国界”的历史事实。

关于科技对现代化的作用，考古史学家西拉姆做了精辟的概括：“我们需要了解过去的5000年，以便掌握未来的100年。”从科技应用研究中，我们不难看出许多古代传统工艺对现今的科技发展所起到的作用。我们吸收古代遗产的精华，探讨其价值，必将为今人更好、更合理地汲取其所蕴含的丰富科学内涵创造条件。在目前所处的知识经济时代，现代科技的研究对象看似古老而传统，但是通过现代科技考古的探究，在我国大力发展经济的过程中，这些遗产依然可以起到很大作用。现代科技考古以研究过去为目标，依据古代的信息及其特征，与现代类似物进行比较分析，同样会产生意想不到的硕果，这就是科技应用研究的魅力所在。

（作者单位：内蒙古自治区文化厅文物管理处、内蒙古博物院）

传统建筑文化视野下北京中轴线文化的保护与利用

刘文丰

中轴线是一个建筑规划术语，特指城市规划、建筑或建筑群的中轴定位。有了中轴线，建筑或城市建设便依此展开，北京中轴线就是传统城市规划轴线定位的典范。但从中国传统建筑文化的意义上看，北京中轴线就远比中轴定位的本意要深远宽广许多。以建筑文化的角度审视北京中轴线，其文化内涵几乎囊括了中国政治文化与社会历史的所有重要领域。规划、保护、利用好这条中轴线，就是继承和发扬了我国传统的优秀文化遗产，就是挖掘和发挥其蕴藏的巨大社会文化价值和经济价值。

北京中轴线是以《易经》阴阳核心理论，按先天八卦天南地北，定位了紫禁城，进而外延，成为北京城市建筑文化的根基和灵魂。北京中轴线有三分之一处于南城范围。南城属离火，主文明，重点开发南城的文化产业，是时代赋予的责任。

一、中轴线的文化含义

按古代天文定位，北京在华北北部，是北极（紫微垣）所对应的天下的正中，“天子必居中”，这是王者定都的先天条件。

从地理上看，北京三面环山，两水相抱，前庭开阔，龙穴砂水齐备，是具有王气的风水宝地，中轴线就把北京定位在了山环水抱的北京小平原上。北京为天下正中，紫禁城位于北京城之正中，中轴线把坐落在北京城正中的紫禁城定位在龙脉与水脉的交会点上。

（一）从气象上看中轴线

先天为体，天南地北，中轴线为“天地定位线”“乾坤定位线”、负阴抱阳，刚柔相济。天地定位是北京中轴定位的本体（图一）。

后天为用，离南坎北，中轴线为“水

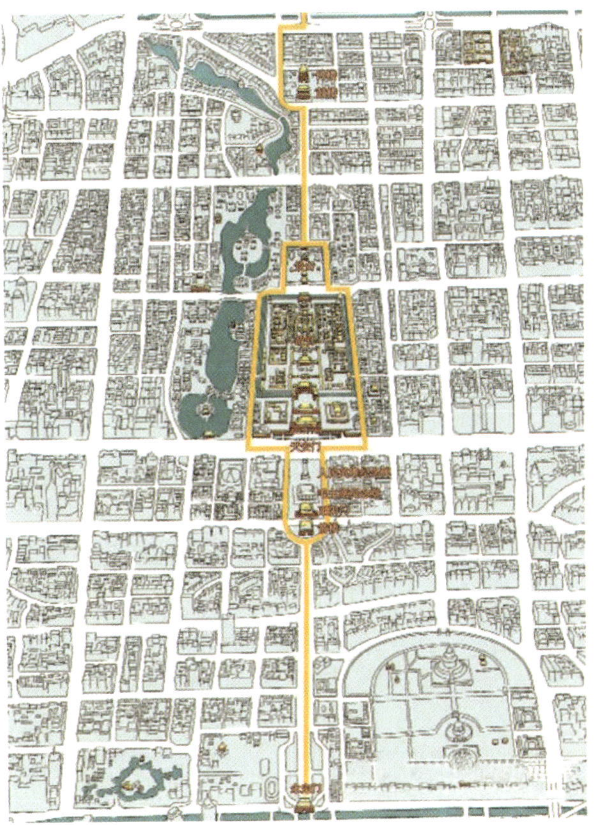

图一 天地定位的北京中轴线

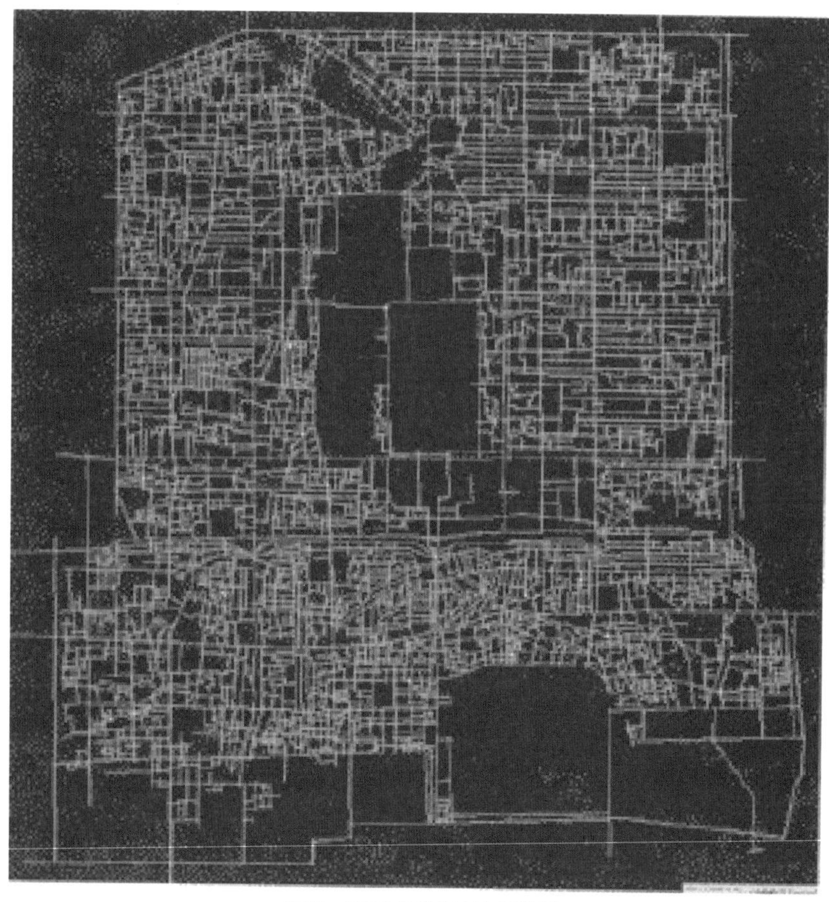

图二 1982 年的北京布局模型

坛、日坛、月坛以中轴线对称布局。暗含时空运行、阴阳流转、盛极而衰、循环往复的道理。

阴阳时变，即生“金木水火土”五行，五行是阴阳二气相互作用的五种状态。五行之气运行并相互作用，是一种自然的作为，意味着万物的生克共化。古城区域规划对应五行属性，城东区域属木，城南属火，城西属金，城北属水，城中区域为王土。京城“五镇”之说，即源于此。

（三）中轴线与历史的印证

火既济线”“子午定位线”。中轴线永定门到钟鼓楼全长7.8公里，是北京古城建设的中心线。中轴线外延，是北京城市规划建设的根基与依据。

再引申到社会意义上，中轴线为“法线”和“宽猛相济线”，是天下四方的表率和准绳。

（二）从建筑文化的理数上看中轴线

中轴线的本质是阴阳定位，“一阴一阳之谓道”，阴阳是建筑文化的核心精髓。

乾坤即天地，天地是最大的阴阳，天地交感而万物化生。人又是万物之灵长，由阴阳和合而得天地人三才，立紫禁城为北京的太极点，由此形成中轴线天人合一的整体形态。

阴阳引申四象为老阴、老阳、少阴、少阳，即古城东南西北四方，亦是时序上的春夏秋冬四季，祭祀性建筑天坛、地

自元朝忽必烈规划建设元大都时起，中轴线作为北京城的灵魂和核心，就同北京古城一起，经历了中华民族的盛衰荣辱，抗衡了岁月的剥蚀，一直延续至今。

清朝末年，国运衰微，皇城墙被拆毁，侵略者在紫禁城阅兵走马。此时正值中华三千年来未有之历史最低谷。中华人民共和国成立后，对天安门广场、长安街及老城的改造顺应了新中国首都建设的要求；1977年，毛主席纪念堂成为中轴线的一部分；20世纪90年代国旗基座的改变及新世纪升旗仪式的调整与改革开放俱进；东部现代高大的CBD商圈、西部平整宽阔的金融街、北部厚重的奥林匹克中心和高教园区的形成，鸟巢—水立方、中华世纪坛、国家大剧院、新央视大楼、国贸三期、“中国尊”等建筑的落成都对中轴线及其核心统领作用产生影响，形成一种更

大格局的新气象。

其中上世纪五六十年代拆除城墙、改造天安门广场，建成了长安街，形成并强化了东西轴线，淡化甚至毁坏了北京老城的中轴线（如拆除了永定门、地安门等），世纪之交修建平安大街和两广路，重建永定门，又重新强化了北京的中轴子午线的概念。

从图二可以看到，1982年时南北向轴线几乎还是对称地将城市分为东西两半，紫禁城是位于城市空间的几何中心，可以说往昔帝王城市的空间及特征表达还烙印在城市空间上。传统以中轴线对称的街、坊与胡同的格局在模型地图上清晰显现。

二、中轴线保护和开发中存在的问题

（一）中轴线的核心统领作用被削弱

2003年时，典型的胡同格局遭受破坏，城市空间明显开放、扩大（图三）。城市外围空间，介于中心主要道路与环绕城市的主要环路（三环、四环）之间许多小的环路系统丰富了城市结构，城市的结构空间也逐渐由以中心轴线为主的对称结构而逐步转向融合中心外围环路的环轮形空间（或称标靶形空间）结构形态，使城市的对称性遭到削弱、破坏，城市新扩展区域与老城通过部分强劲的轴线诸如长安街（延长线）及新发展的放射线等联系着。虽然在中轴延长线上，景山一仰山相对，大体量建筑的布局也具有鲜明的暗示性和标志性，如鸟巢水立方—国家大剧院—北京南站—第二机场，规划物语寄希望于中轴线外延能起到统领大北京城市布局的作用，似是鸟儿从筑巢、产卵、孵化、腾飞的过程。但延长中轴线外的大型建筑和建筑群组及路网的对称性却乏善可陈，中轴线的核心统领作用被削弱（图四）。

所幸的是“老城”还仍然维持着其“生活中心”的情形，与中轴线对应，也仍然包含了许多近似正交的短轴线，这为古城进一步打造“历史文化轴”留下了宝贵的物质遗产和客观条件。

（二）以中轴线为核心的“老城”空间布局的秩序性不够稳定

在目前仍维持着“生活中心”功能的北京老城，城市的建设规划虽然越来越重视中轴线的地位和作用，但具体项目的运作仍带有各自为战的色彩，中轴线时常被保护性遗忘和规划性破坏，以中轴线为核心的城市空间布局的秩序性仍不够稳定。那些体量巨大的标志性建筑的落成，会对

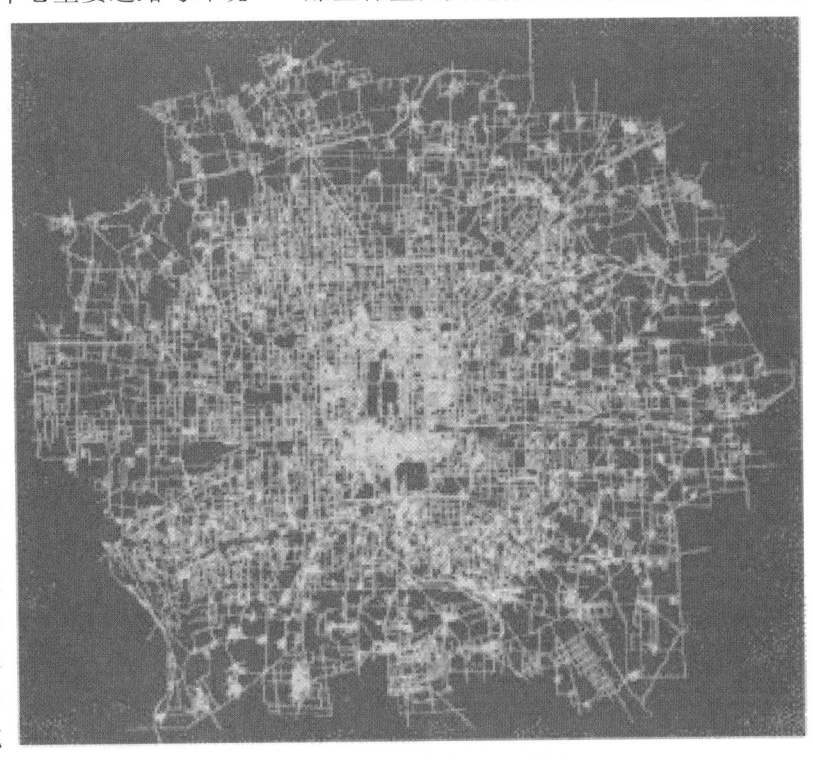

图三　2003年的北京布局模型

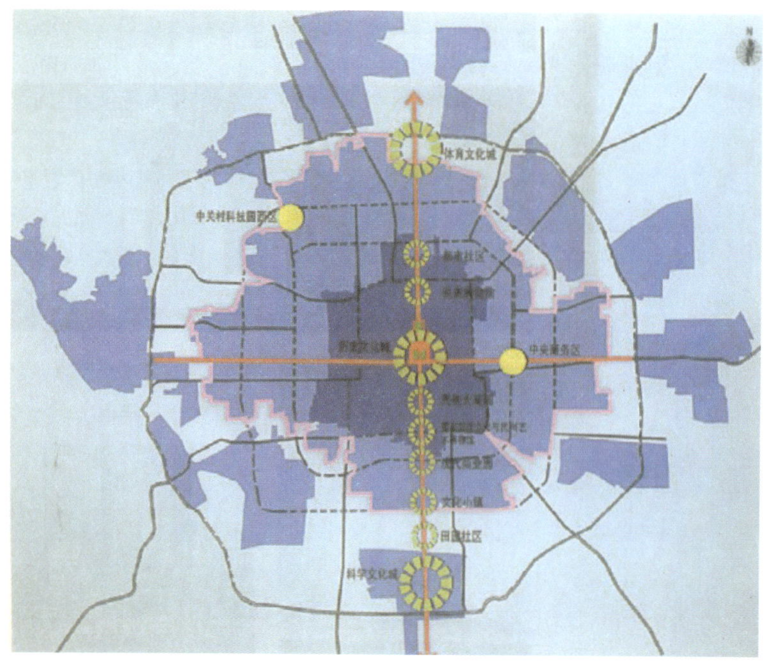

图四　中轴线外延统领大北京城市规划

以中轴线为对称的城市布局及象征意义产生影响。如在中轴线东部，世纪之交落成的体量巨大的东方广场，虽经妥协由单体被分割成分体建筑群，但仍在一段时间内造成中轴线对称性的失衡，只能在后面的城市建设中予以弥补。

又如1996年建成的北京西站，孤立地模仿景山万春亭，把偌大的、几百吨重的一座亭子顶在一个比该建筑物还要大的门洞上。万春亭是中轴线上重要的标志性建筑，具有象征性和唯一性。“亭者，停也，人所停集也”。火车站是旅客的集散地，没有旅客会把心思放在“停集”上，从维护中轴线的核心地位、建筑美学乃至使用功能上，都不恰当。长期地标示在北京具有标志性的重要建筑门户上，便成为一种缺陷。

21世纪以来，随着房地产开发热情的延续，城市中心区新的大体量商业建筑不断涌现，如何保证不破坏以中轴线为核心的城市空间布局并维持其整体的秩序性，这一问题应引起高度重视。

（三）依托中轴线对南城中心区进行文化与经济的深度开发还未形成气候

与相对成熟的城北高新科技与高教园区、奥体中心区，东城区高大而气派的CBD，以及与西城宽阔的金融街相比，前门及天桥商业街和南城的首都文化演艺中心区的建设还处于起步和开发阶段，规模、环境和人气还未形成。

前门和天桥地区曾是昔日老北京民俗文化的典型代表，是市井文化和民生活力之源。曾几何时，随着南城的衰落，这一地区也今非昔比，多年沦落，泯于萧寂，南城城市建设与开发也相对滞后。近年来，市政府决策大力开发南城，是这一地区的振兴与重生的历史机遇。但改造开发时间尚短，有很多难题亟待解决，还没形成和谐有机的文化氛围。比如，尽管前门商业街改造后开街已十年，但这条位于北京核心区的街面仍显人气不足，不少品牌商家入住又出逃，造成临街店铺出现大量空屋。据统计，前门商业街现有空置率高达三成左右。

三、保护建议

在北京城市规划中应充分重视外围建筑环境对中轴线的影响，运用传统建筑文化认知和指导中轴线周边区域的规划。

北京中轴线的核心地段位于东城区，也是“历史轴线”的部分，工作重点是中轴线文化的保护与利用，应以加强、拱扶、烘托、突出中轴线为目的。“历史轴线”的保护包括标志性、纪念性及重点保护的建筑物，对称布局的街区与胡同及由

图五 历史上的天桥与复建后的天桥对比

此而形成的秩序空间。

（一）谨慎对待能对中轴线产生影响的建筑改造和仪式变化

中轴线区域内（包括中轴线上和以中轴对称布局的）重要建筑的任何改变，或中轴线区域内各种重要现象的产生与变化，都会对中轴线产生新的意义和影响。

对中轴线上任何标志性建筑的改建和重建（如永定门），都已不具备原有的时空意义，改建的再新再美，都是一种“伤疤”，应谨慎对待。其标志和景观意义，只能在新的时代背景和情境下予以解读。

天桥地标的复建无论位置还是形制，都是不准确的。设计者误信《天桥史话》中老住户、老艺人回忆天桥“长约8米，宽约5米”的传言①，进而推理出天桥御路宽9尺，加两侧5尺，以应“九五之尊”，总宽度应为17尺（约5.44米）。南北桥长25尺（约8米），合双五中数，象征天桥居中。殊不知天桥的尺度，不应低于“地桥”（即万宁桥）。假设天桥仅宽5米，天子銮驾经此，势必局促不堪。其实民国八年（1919）京都营造局档案已有明确记载：“桥宽22.80米，全长22.25米”②。且清末英国摄影师也留有影像资料，可以印证天桥的历史形态（图五）。

总之，后人应审慎对待能对中轴线产生影响的任何建筑改造和仪式变化（如祭祀、观礼、升旗等），因为这些改变及现象会伴随古都整体形象以至于整体场景的改变。

（二）应继续加强老城“历史轴线”文化遗产保护与开发

1.传统中轴（历史轴线）包含了从北二环到南二环之间的老城区。保护规划上以民俗旅游展览与民间艺术博物馆、名人故居与文化纪念建筑、皇家建筑与祭祀文化等为基本特色。逐步搬迁、腾退或保护利用好文物保护单位。对中轴线周边文物建筑的保护是保“点”，点点相连，成线成面，也就保护了对称布局的街区、胡同及由此而形成的中轴线秩序空间（图六）。

加大对中轴线周边文物保护单位的修缮、腾退力度，对外开放，形成中轴线的文化旅游线路。如南、北池子沿街有众多高质量的文物保护单位（如皇史宬、宣仁庙、凝和庙、陈独秀故居、欧美同学会），但却只有普度寺一处对外开放，无法形成规模，导致到访者寥寥。类似情况在东交民巷、东皇城根遗址公园、南锣鼓巷、东四等地区也有体现。

目前北京市主要区县均建设有反映本地区历史文化的区（县）级博物馆，收藏本区出土、征集的历史文化遗产。只有东城区（包括原崇文区）、西城区等个别地区还没有设置区属博物馆。虽然东、西城区也有钟鼓楼文保所、袁崇焕祠墓、历代帝王庙等文博机构对外开放，但宣传展示力度不够，不能完全体现本地区深厚的历史文化内涵。还应当腾退修缮一批重要的历史文化遗产，如法华寺、孚王府、清陆军部海军部等，将其作为展示老城历史优势、艺术优势、文化优势的舞台。

永定门作为南中轴线端点，起到了很好的标志作用，天坛神乐署腾退开放后，天坛牺牲所能否复建，已经提上议事日程。此外，天桥在1935年被埋入地下可否

图六 中轴线及其周边保护区

进行遗址展示？天桥两侧的乾隆御制碑可否回归？大高玄殿、内务府御史衙门修缮腾退后何时开放？景山东侧的北京大学建筑遗存能否腾退？以上内容建议早日论证执行。

如今，地安门内的东西燕翅楼已经复建，从而回填地安门的历史元素。钟鼓楼后身豆腐池胡同内的宏恩观有中轴线龙脉“龙尾之曜”的说法，建筑精美，规模宏大，现为东城区文物保护单位，但却为大杂院、超市等占用，十分可惜。

以中轴线保护作主线，连贯老城区主要的文物单位和历史文化遗产，适当恢复展示，以达到保护与开发利用相结合，才能释放其巨大的社会文化与经济潜力。可以考虑将有中轴线龙脉“龙尾之曜”的宏恩观重点保护，改建为中轴线文化的研究与展示基地，与南端永定门首尾相顾，形成完整的中轴线文化链。

2. 北部设钟鼓楼、什刹海、锣鼓巷等特色街区。这些地区为“前朝后市”的后市部分，不同于今天的商业市场。多数民俗胡同进行适当贯通和梳理，基本保持现有宽度，具有一定的人气，但也有过度商业化的倾向，灯红酒绿之下泛动着人气的浮华，与时代接轨的初衷和本源的优秀传统民俗文化的基调不甚和谐。相关政府管理部门应制定对策和规定，以使时代特色与文化传统能够有机地融合。

中部皇城、天安门广场及东西交民巷等历史文化名胜，是“太极点”所在的核心区。新世纪之初，作为新太极点的天安门城楼、天安门广场的国旗基座部分、人民大会堂和国家博物馆都进行了局部加固装修，结构更加稳固，色彩焕然一新。广场升旗仪式已成为区域文化名片。应进一步明晰皇城的轮廓线和一些古河道景观，以彰显中轴线和皇城的有机联系，阐释其深厚的文化意义。

南部从大前门至永定门范围内，注重商业开发与文化融合的导向。重点在首都南城功能核心区文化与经济开发方面，要牢固树立“规划也是生产力”的理念。注重中国传统建筑文化的历史传承及在规划和设计理念上的融合与渗透，避免小范围内区域规划或具体项目的运作仍带有的各自为战色彩。

相比而言，今天聚力“历史文化传承发展轴”的重点应该在南城，南城的历史文化与现代商业一旦实现有机交集与融合，就可以寄希望实现老城全面协调可持续的发展，以期更高起点、更高标准地实现“首都文化中心区、世界城市窗口区”的目标。

（三）中轴线南城区段的开发应注重文化与商业相结合

按中国传统建筑文化的视角，分析和定位中轴线南城的规划与开发，以图在历史传承及规划设计理念上的实现融合与渗透。

首先，以中轴线本身的阴阳定位，北城为坤阴为地为子水；南城为乾阳为天为午火。北城以体育文化（身）定位，南城以精神文化（心）优先。

其次，以传统五行文化进行区域规划与布局定位，南城属离火，火主文化、文明。离火附丽，文明文化之“火”只有依附于器物设施、产业环境和蓬勃的事业上，才有绚丽燃烧的可能，因而南城应注重文化产业的规划与实施。这里，要注意城南区域文化产业的“文”与城东区域左文右武的“文”的区别，城东区域的“文”侧重行政文化与主流意识形态，城南区域的“文”则为文化产业、演艺、传统历史与民俗文化、文化与商业的融合等。

《易经》离卦☲意象符号本身也表示外实内虚之地，外实内虚通“墟”，“墟”也是集市之意。封闭内虚可揽气，开放外实可聚财，南城也是商业文化聚集地。从历史传统上看，南城的前门地区与天桥地区都是传统民俗文化和商业发达的区域，老字号商铺林立，民俗演艺风靡，沿街布有商号、夜市等，具有深厚的文化底蕴和基础。商业是文化的载体，文化是商业的魂魄，商业一旦失去了文化，就成了杂牌儿四不像，吸引不了人，也难有风格和高端。街市开发的重点应放在商业与文化的渗透融合、深度挖掘商业的文化价值上。

前门大街不应定位于“世界名牌的聚集地”，因为这并非该地区的优势与风格，前门的根基在优秀的传统文化，现代的前卫与时尚应是西单和王府井的主流。前门老字号包括便宜坊、全聚德、内联升、月盛斋、都一处、张一元、同仁堂等，还有因前门大街改造而流失的老字号如瑞明楼、爆肚冯、天兴居等，都是鼎鼎大名。其历史传承和典故深入人心，即使仅以此做成有深厚文化底蕴的老字号一条街，也应是一种特色。因而建议政府制定相应的优惠政策，该扶持的重点扶持，该邀回的诚心邀回，以这些独具品牌的老字号作为无形资产树立口碑以聚拢人气。

要深度挖掘历史文化传承与老字号或商家的内涵，加强其自身的实力与影响力，如老舍文化与当今的“老舍茶馆”、话剧“天下第一楼”与“全聚德”、电视剧“大宅门”与同仁堂等，由此拓展，有名商号或老字号要利用自身的文化基因与历史传承，与文化媒体相结合，在自身宣传与影响力上做足文章。

关键是融合，不仅理念上融合，建筑规划上也要融合。要把商业与文化产业、演艺设施及旅行游艺等文娱设施融合交集，有机地集中、交融、渗透在一起，历史上前门—厂甸、珠市口—天桥地区仅市井民俗就包括各种杂耍、游艺、茶楼、

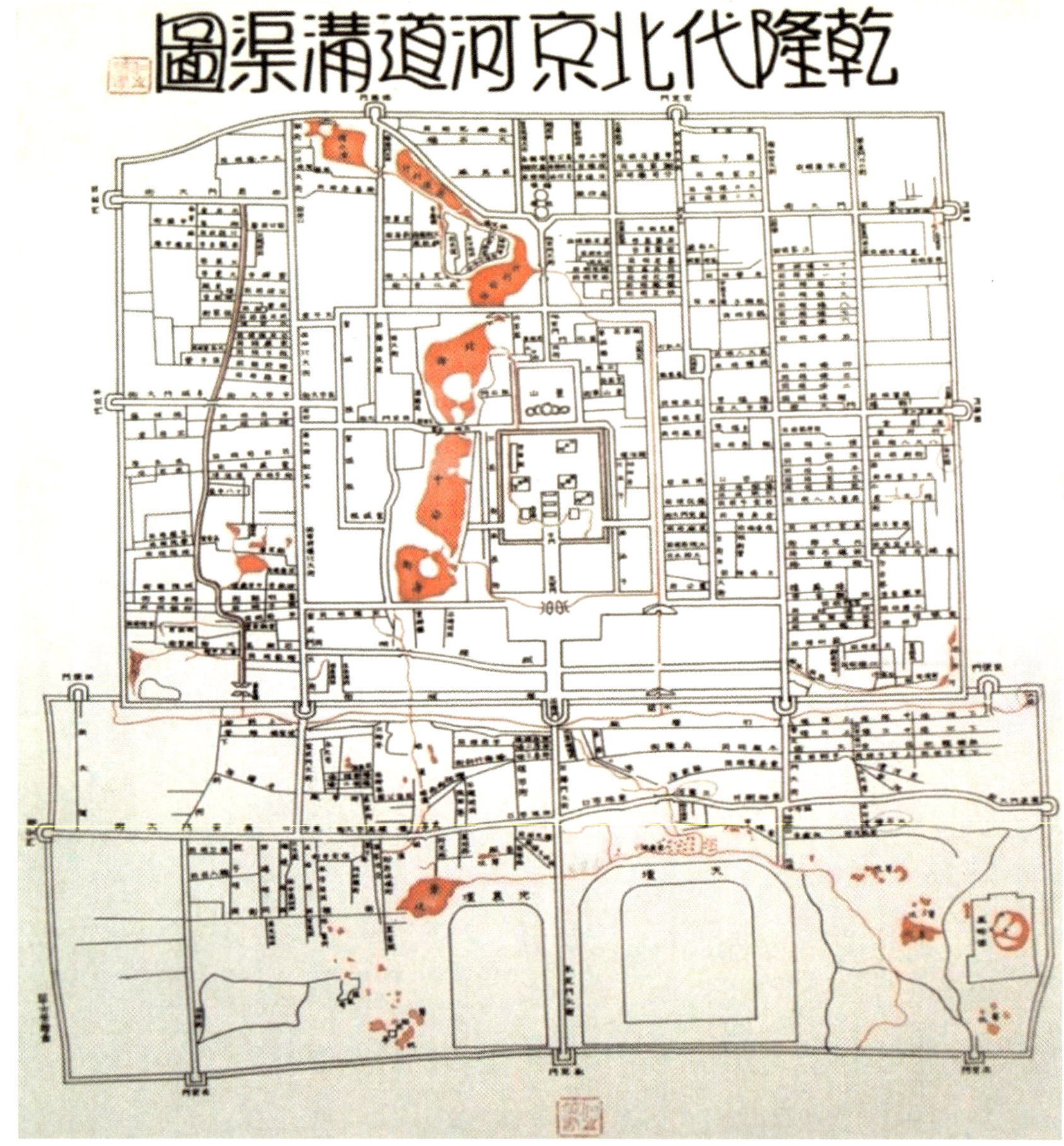

图七 乾隆朝北京河道沟渠图

酒肆、旅邸等，类似“清明上河图”的图景，是典型的文商融合体。就民间文娱街市的游艺活动而言，内容可谓庞大而繁杂，仅市井演艺一项就包括评书、戏曲、杂技等各种流派，色彩纷呈，观众游客有充足的参与和选择空间。

因而，在传统文化建筑布局上也要注重商业街市的文化融合，建筑为沙，车流人流为水，沙水交集，曲径流通。文娱设施与商业建筑交集，一般都落脚在道路或小路的交会点，形成“人气鼎沸”的盘结之地。

（四）注重水的运用

传统建筑文化尤其重视水的作用与效应，“水者，地之血脉，万物莫不以生”“气乘风则散，界水则止”“上善若水”。水不仅能孕育生命、减少污染、降低辐射、稳定气温、美化环境，也有藏风聚气的作用。中国传统建筑文化认为前照（水）后靠（山）才是好的格局，因为水是能吸收各种波动能（声、噪音、电磁波、微波、光、辐射等）的极性分子。

“水流走则生气散，水融注则内气聚”，静水、流水、水口、水景环境等均蕴含或加强着气场。

南城属火，火主文化、文明，但光有火还不够，火燥热炎上，需要水湿寒润下来调剂，水火相交，才得水火既济。火得水能艳丽发光，形成绚丽景象，水火相济，维持了阴阳的动态平衡，阴阳互相协调，世事方能成就。北京城坐北向南，北有景山—仰山连贯相依，因而，对南城而言，水具有更加特别重要的意义。

此外，历史上南城有过水，水曾经给南城带来活力和财富。

清代中期北京城内水源丰沛，水网纵横（图七）。南城多处均有大面积河道水塘。然而，由于城市发展、人口膨胀、环境变化等因素，现今北京城内尤其南城的水景已很难寻觅了。水的短缺加剧了北京的污染、辐射，影响城市美观，也影响并制约了北京经济与人文环境的发展。

寄希望于南水北调工程，北京未来缺水的状况应能有一定的改观。

大运河文化遗产中涉及东、西城区的项目有汇通祠、什刹海、万宁桥、玉河、东不压桥遗址、南新仓、北新仓、禄米仓、玉河庵等。这些运河文化遗产，应与大运河世界文化遗产总体协调，统一妥善保护。另外，像玉河南段（东皇城根至正义路）、三里河、金鱼池、前门至崇文门段护城河的恢复，也将对南城水环境的营造起到促进作用。

但在现有条件下，我们应充分利用南城的自然水域，如护城河、陶然亭、龙潭湖等水系，或改地下河为地上河，尽量加大河湖区域绿化与改造对南城的影响，增强营造区域水环境。水宜屈曲有情，避免横直奔泻。与人工规划相结合，重点文化建筑、公共广场应配有水景工程（水景灯光、水景多媒体，类如国家大剧院，清华园工字厅等），构成建筑文化藏风聚气的吉地和阴阳和谐的美景胜观。

---

① 王世仁：《文化遗产保护知行录》，中国建筑工业出版社，2015年，第211页。

② 孔庆普：《天桥遗址考察纪实》，《北京文博文丛》2014年第3期。

（作者单位：北京市古代建筑研究所）

清代北京承公府与霱公府建筑历史关系与建筑特征研究

李春青　庞雅倩

承公府位于西绒线胡同45号，府主为辅国公爱新觉罗·承藻，目前为民居大杂院，是北京市西城区区级文物普查项目；霱公府府主为镇国公爱新觉罗·溥霱，位于北京市西城区西绒线胡同51号，目前为某咨询公司的办公地点，是北京市西城区级文物保护单位。两座公府基本相邻，中间隔有47号和49号两个门牌号的小型院落，其使用功能也属于民居大杂院。这两座府的地块北临北新平胡同，南临西绒线胡同，西临油坊胡同，东侧临贤孝里胡同（图一），是一组坐北朝南、布局较规整的四合院建筑群。通过查阅历史可知，这两座王府府址最早是清初爱新觉罗·杜尔祜的贝勒府，但是关于该三座王府建筑的历史沿革与相互关系及其建筑特征，学界一直未展开研究，除了冯其利先生曾仅对贝勒杜尔祜府进行过文史方面的研究[①]，以及鲍润霞曾经初步梳理过霱公府的建筑沿革外[②]，相关研究很少。因此，梳理历史上的杜尔祜贝勒府和目前的霱公府和承公府其共同的历史以及三者之间的历史与空间相互关系，归纳三座王爷爵位等级不同的府第建筑特色与价值，对于王府建筑的整体保护至关重要。

一、府主更替

中国古代住宅遵循主人身份地位的等级秩序来确定名称，府通常为贵族或官僚的居所，第为皇帝赐给臣子的居所，宅指一般人的住所[③]。因此，本文将王府建筑都称为府，以统一各种文献中对这三座王府建筑命名的府和宅使用不统一的问题。

杜尔祜贝勒府的第一代府主为清太祖努尔哈赤的长重孙爱新觉罗·杜尔祜，其父贝勒杜度曾因军功显赫被封为安平贝勒（因为他的旗地位于安平），是清初的主要将领，后曾掌管礼部[④]。其祖父为广略贝勒褚英，也屡建功勋，曾被赐号阿尔哈图士门（译为“广略”，是足智多谋的意

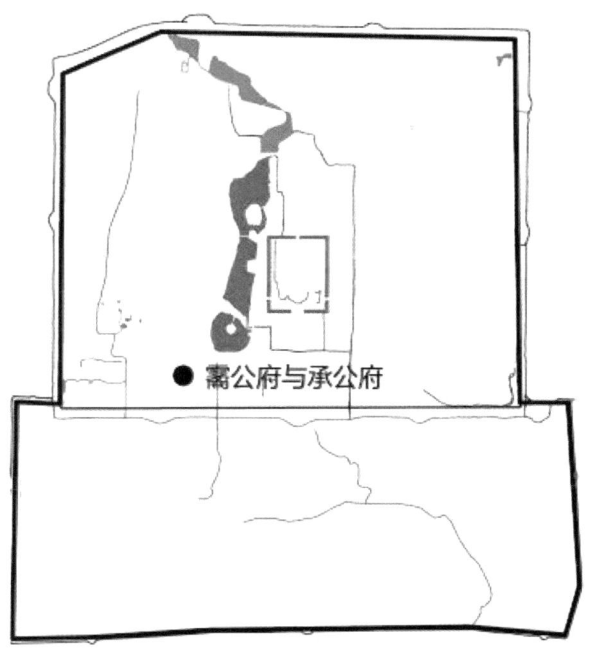

图一　承公府与霱公府区位图

思），但后来他因与四弟及大臣不睦，被告发获罪处死⑤。《啸亭续录》中记载，贝勒杜度宅在绒线胡同⑥。但由于杜度去世时清政府还未入关，因此本文将贝勒杜度的长子杜尔祜作为第一任府主，即该府最早称为杜尔祜贝勒府。由于该府最早建造时的历史资料非常少，当时的范围和布局都不详。悫厚贝勒杜尔祜初被封为辅国公，立有军功。后因坐事降为镇国公，再后因事被削爵黜宗室。顺治元年（1644），他跟随多铎南征，复宗室，并封为辅国公。可见杜尔祜贝勒府可能最早的建府时间也就是在1644年。顺治八年（1651）杜尔祜晋封贝勒，顺治十二年（1655）卒。第二代府主为其子敦达，降袭固山恪恭贝子爵，此后各代府主爵位世袭递降，直至降至辅国公后一直世袭⑦。后承袭的府主分别为镇国公普贵、辅国公诚保、奉恩辅国公庆春、奉恩辅国公恒宁（享英、恒颖）、辅国公崇锡⑧。咸丰四年（1854），杜尔祜贝勒的七世孙端秀袭奉恩辅国公爵，成为第八代府主，这里成为端公府（端秀宅）。

同治八年（1869），内务府将端公府一分为二，将西侧院落划给搬到此地的康熙帝第二十四子诚亲王允祕的曾孙绵勋贝子。而东侧院落依旧作为端公府。绵勋贝子在承袭爵位之前住在诚亲王府南侧取灯胡同小府，同治八年诚亲王府被选中充当咸丰之女荣安固伦公主的府第，后又转赐给荣寿固伦公主，因此绵勋贝子就搬到西绒线胡同的端公府西侧院落。绵勋的孙子载信降袭得镇国公爵。光绪二十八年（1902）载信之子溥霱袭镇国公爵，未按例降级，因此该府第被称为“霱公府”。

光绪二年（1876），杜度贝勒的直系第十一代后裔光裕袭勤愍辅国公，继承端公府的东侧院落，府第改称“光公府”。光绪二十六年（1900），八国联军攻入北京，光裕担任神机营先锋统领守卫内城城门，后自杀殉国，被朝廷加贝子衔，入祀昭忠祠⑨。光绪二十八年，光裕的第二子广寿承袭辅国公，该府改称“广公府”。民国元年（1912），由于清廷与民国政府达成了协议，因此皇帝懿旨：“所有从前恩赏王公等府第、房间、地亩，均加恩赏作为私产。”因此，原先归朝廷所有的广公府成为了王爷私产。民国七年（1918）广寿去世后，其过继三弟广泰之子金承藻袭辅国公爵，该府又被称为“承公府”⑩（表一）。

二、历史地图研究

（一）建府前的周边环境（1644年以前）

在元代至正元年（1341）的《北京历史地图》上，该府址所在地属于时雍坊，其西侧有顺城门街，东南方有大庆寿寺和海云可庵双塔，府址周围胡同尚未形成，但西邻的胡同已经形成了弯曲的状态（图二，1）。

在明代万历至崇祯年间的《北京历史地图》上，该府址所在地属于大时雍坊，此时周边的胡同肌理基本形成，其西侧有宣武门里街，西侧和北侧紧邻牛肉胡同，南侧邻绒线胡同，东侧也形成了南北走向的胡同。周边东南方的寺庙和双塔已经不见，西南方出现了天主堂，东方有两个水泡子，北方不远处有两座塔（图二，2）。

（二）杜尔祜贝勒府至分府前之时期（约1644年—1869年）

1644年清顺治帝迁都北京，在明北京城的基础上建设都城，为防止王爷们养兵造反，建造王府均在北京城，尤其是清代实行的旗民分治的政策，使得几乎所有清代的王府建筑都集中位于北京内城。并且清初关于王府的建筑规制尚不完善，《八旗通志》中曾记载崇德年间的王府规制：“贝勒府，台基高六尺，正房一座，厢房两座，内门建于台基上……余与郡王同（两层楼一座）；贝子府，正房、厢房，俱在平地盖造。”当时的公府未规定，一般是与贝子府一样平地建造。到顺治八年

表一 霱公府与承公府历史沿革与府主更替表

时间	府第名称变化		府主情况		
1624年（天命九年）	该府还未建设		贝勒杜度封爵		
1642年（崇德七年）	该府还未建设		贝勒杜度薨		
1644年（顺治元年）	清朝入关，该府有可能才开始建设。				
1645年（顺治二年）	杜度贝勒府有可能开始建设，贝勒杜度府在绒线胡同。——《京师坊巷志稿》卷上66页		杜尔祜封辅国公（入关前也曾被封但又被转黜）		
1651年（顺治八年）	杜尔祜贝勒府		贝勒杜尔祜封爵		
1655年（顺治十二年）后	敦贝子府、普公府、诚公府、庆公府、恒公府、崇公府		恪恭贝子敦达、辅国公普贵、诚保、庆春、恒宁、崇锡		
1750年（乾隆十五年）	《乾隆京城全图》上显示了该府当时的平面布局。当时在位的府主为辅国公诚保，也就是诚公府。				
1854年（咸丰四年）	端公府（端秀宅）		辅国公端秀		
时间	西侧名称	府主或使用者	时间	东侧名称	府主
1869年（同治八年）	绵贝子府	贝子绵勋	1876年（光绪二年）始	光公府	辅国公光裕
1900年（光绪二十六年）	霱公府	辅国公溥霱	1902年（光绪二十八年）始	广公府	辅国公广寿
1924年	周宅	银行家周作民	1918年（民国七年）	承公府	辅国公承藻
1949年	国家监察部	国家机关	1929年至今	民居大杂院	民政部宿舍
1959年4月	四川饭店	四川饭店	约2010年	西绒线胡同45号四合院	西城区区级文物普查登记项目
1989年	霱公府	北京市西城区区级文物保护单位			
1995年6月	北京中国会	邓永锵			
2015年10月至今	霱公府	某公司办公			

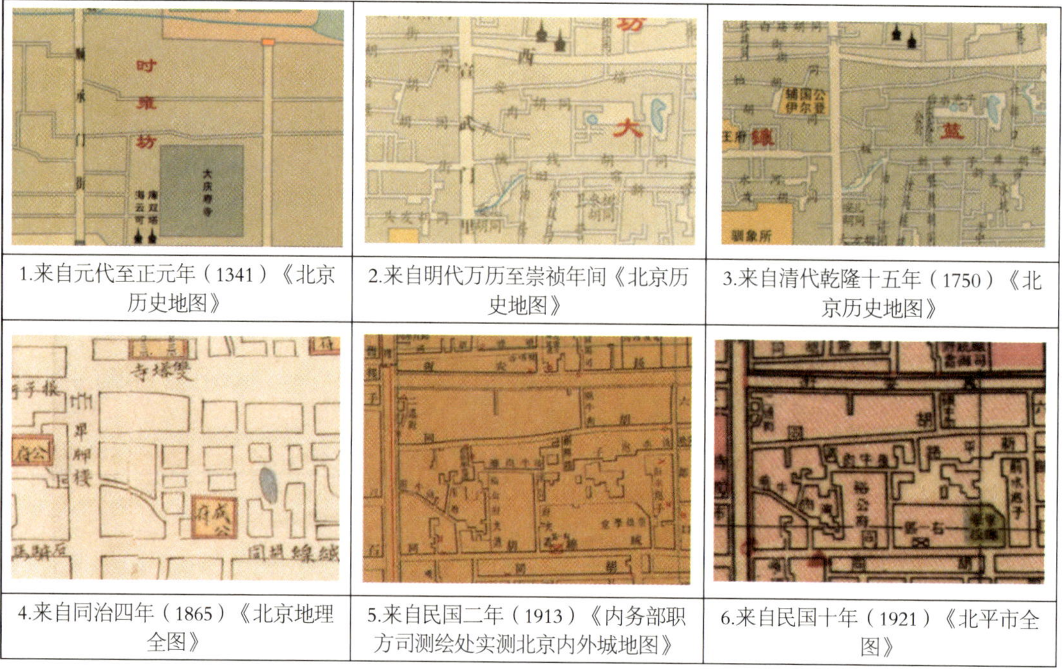

1.来自元代至正元年（1341）《北京历史地图》

2.来自明代万历至崇祯年间《北京历史地图》

3.来自清代乾隆十五年（1750）《北京历史地图》

4.来自同治四年（1865）《北京地理全图》

5.来自民国二年（1913）《内务部职方司测绘处实测北京内外城地图》

6.来自民国十年（1921）《北平市全图》

图二 历史地图研究

（1651）杜尔祜封贝勒爵时，因顺治元年和顺治九年（1652）时的王府规制都规定贝勒府要在六尺台基上，中轴线上造屋五座，对比现在的台基肯定达不到六尺，对比《乾隆京城全图》上的府址，中轴线上加上大门才三座建筑。因此可以推论，杜尔祜贝勒府最早不是按照贝勒府规制来建造的。

按照《乾隆京城全图》上的府址看，当时已经传为诚公府，规模较小，府址集中位于街区的东南部。在乾隆十五年（1750）的《北京历史地图》上可见，这里属于镶蓝旗属地，杜尔祜贝勒府被标为公府，府东为东夹道胡同，东北侧有后水泡子，南侧为板桥胡同。府西不远处有伊尔登辅国公府，此为标注错误，实际为太祖第一子褚英五世孙伊尔敦辅国公府[11]，规模较大。再西有平郡王府（图二，3）。在同治四年（1865）的《北京地理全图》中可见，府址当时的范围还是集中位于街区东南部，标有“成公府”字样（图二，4），实际应该是诚公府。而此时府主已经是端秀，因此应该为端公府。

（三）分为绵贝子府和端公府时期（1869年—20世纪20年代）

同治八年绵勋贝子从安定门内宽街的勋贝子府迁来，内务府将端公府一分为二，西部为勋贝子府，东部为端公府。光绪二十八年诚恪亲王允祕之六世孙、绵勋贝子的曾孙溥霱袭镇国公，因此西侧院落又称霱公府。《啸亭杂录》中记载：“勋贝子府在绒线胡同北。”

光绪二年（1876）光裕承袭辅国公，中国第一历史档案馆收藏的宫中杂件432号“王公府第地址单”中，辅国公光公府的记述为“共房三十二间”。在民国二年（1913）的《内务部职方司测绘处实测北京内外城地图》中，原牛肉湾胡同改名为前牛肉湾胡同，北侧为后牛肉湾胡同，两府西侧有裕公府夹道，东侧为成公府夹道（图二，5）。在民国十年（1921）《北平市全图》中，两府原址上标有裕公府字样（图二，6），应是当时音译的错误，即“霱公府”。整座府第坐北朝南，分中路和东、西两路，由五进院落组成，府门开在中路南北轴线上，院内朱门碧户，曲径回廊，静谧优雅[12]。光绪十二年（1886）的《顺天府志》也做同样记载。

据冯其利在《寻访京城清王府》中推测，按照最早贝勒府规模，原杜尔祜贝勒府应包括现在的霱公府和承公宅两府，但是杜尔祜贝勒府在1750年时还仅占街区东南侧较小的范围，而1869年的端公府到底变成多大范围，无资料考证。根据分出的两座府来看，可以推测当时的端公府府址至少已经扩大到目前的霱公府和承公府范围。

（四）20世纪20年代后承公府和霱公府的变迁

1929年承公府被改为大杂院，后被国管局收购成为公房，作为民政部宿舍使用。院落格局基本保留，加建建筑较多。其北侧的贤孝里3号院内南侧有部分建筑属于承公府。但院落北侧有一座近现代建筑仍存，是单层天井围合式中西结合建筑，沿内院有一圈柱廊，屋面筒瓦，门窗西式，屋顶有气窗，建筑入口内有金库一间，采用双层门增强安全性，但该建筑的具体历史不详。该建筑北侧西有近现代中西结合的建筑一座，东有完整小四合院一座。这三座建筑从文献记载和现状调研中尚不能确定为承公府的范围。

民国十三年（1924）霱公府的主人溥霱没落，将此府以5万元售于著名的爱国人士、工商业银行家、金城银行董事长周作民，他又筹重资修葺一新，作为寓所。1928年陈宗藩在《燕都丛考》中记：“今府为周作民所有，壮丽崇闳为西城甲第。”1950年，周先生将霱公府售予中央人民政府监察部。1959年经川籍老帅朱德、陈毅等提议，周总理批准，霱公府改为四川饭店，由郭沫若先生题写了门前的匾额。饭店内建筑及院落格局都保存较好，承担了多次重要外事接待任务。1989

年，霱公府被公布为北京市西城区区级文物保护单位。1995年，香港商人邓永锵修缮了霱公府，基本保持了中路建筑格局和传统面貌，对西路、中路建筑做了较大改造。并与北京首旅合作在此创办北京天府俱乐部之中国会，功能为高级会所。1998年，霱公府西跨院一进院正房和南侧平顶建筑被拆除，改建为三层盝顶小楼作四川菜餐厅。东西跨院院落内部加建较多，三进院院落被封顶，来满足内部使用功能需求。西跨院原第五进院的正房被拆除并新建了尺度较大的平顶建筑。2005年，由于周边环境的道路规划建设，霱公府西侧原有的坡顶民居被大范围拆除。2015年，北京市文物局要求中国会停止经营。目前为智度科技股份有限公司管理办公室使用。在1959年的卫星影像图中可以看出霱公府与承公府的建筑及院落尺度明显大于其周边的民居四合院（图三）。

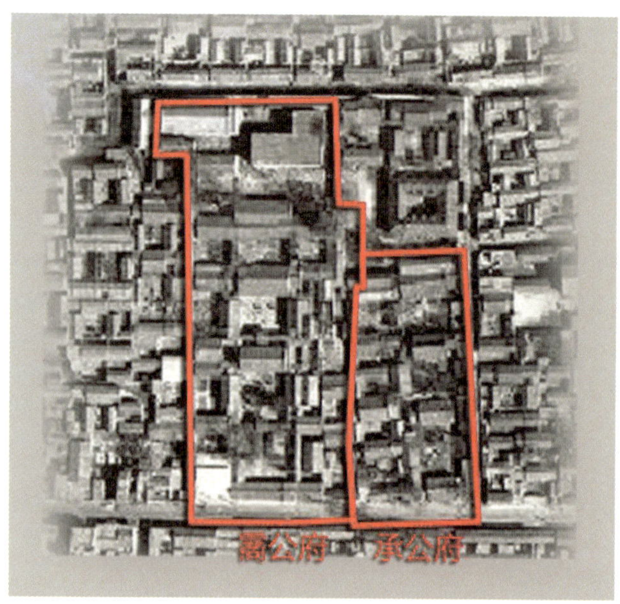

图三 1959年承公府、霱公府卫星影像图

图四 2017年承公府、霱公府卫星影像图

三、现存状况

（一）承公府建筑现状

目前，经现场调研可以初步画出两府所在地块范围中的现存院落范围，共有西绒线胡同45、47、49、51号和贤孝里1、3号院落（图四）。

经过现场调研，根据院落范围、建筑风格、历史格局变迁研究，承公府应该包括西绒线胡同45、47号和贤孝里3号院的一部分。目前承公府为居民大杂院，有东、西两路院落，东路为主路。东路现存三进院落，大门为三开间启门一，但现经翻新修缮后已封墙为屋，卷棚筒瓦顶，瓦当为莲花图案，戗檐砖上刻有植物纹样。第一进院内有正房一座三开间，硬山筒瓦顶，门窗已更换为现代样式，但戗檐上保留了花草纹样砖雕，山墙侧面挑檐石的上下拔檐砖上均刻有精美的花纹。正房西侧仅存顺山房一座，卷棚板瓦顶，西厢房位置改建为一座民国时期建筑，门窗洞口上为砖砌平拱。院内东侧有二层楼一座，卷棚筒瓦顶，砖墙及木结构保存完好，西立面加建现代风格门窗及雨棚。第二进院内有正房一座三开间，硬山筒瓦屋顶，除原始门窗不存外，其他保留较好，戗檐砖植物雕刻和垂脊端部的方形镂空砖雕都保存完好。第三进院有后罩房一座，五开间带前廊，卷棚筒瓦顶，除明间外其余开间的前廊封窗做室。承公府东路院落的最北侧，有部分建筑属于贤孝里3号院。

西路院落的大门及倒座房已为现代样式，仅保留了东侧山墙垂脊。第一进院落内有五檩单卷垂花门一座，自然破坏程度较大，屋顶已更换为现代瓦片，在垂花门的前后两排柱上分别装有槛框，门簪四个，前檐伸出，左右下垂木雕倒垂花柱等花饰；第二进院有正房三开间，原为卷棚筒瓦顶，现瓦片已更换为现代瓦。东西厢房已经改建过；第三进院内有正房三开间，东厢房还在，西厢房已经改建；第四进院内有后罩房一座三开间，屋顶为卷棚筒瓦，保存较好。

（二）霱公府建筑现状

经过西绒线胡同49号院落现场访问居民和其最后一进院落正房的屋顶与霱公府内主要建筑屋顶形式统一的特点，可以推断霱公府的实际院落范围应该是西绒线胡同49、51号。而在很多文献中都认为霱公府仅包括51号是有误的。因此，霱公府实际有三路院落，中路院落有五进，西路跨院目前存三进，东路跨院目前存三进。中路为主轴，其最南端倒座房的东侧为府门，挂有“西城区文物保护单位”的标牌。门前有两座石狮子和两个抱鼓门墩，门墩上雕刻有“五世福禄”图案，中间为一“寿”字，代表长寿寓意。主院进门第一进院应为狮子院，东侧有游廊，廊中部的门上挂有“赞华艺术之家”匾额，院南侧有倒座房五间，硬山板瓦顶。院西侧有三层盝顶小楼一座，北侧为与抄手游廊相连的五檩单卷垂花门作为内宅宅门，屏门四扇，额枋上刻有精美雕花，左右下垂木雕倒垂莲柱等花饰。第二进院有正房五间，东西厢房各三间，卷棚筒瓦顶。院周有游廊，东南部游廊内有砖砌月亮门一座，门上有砖雕匾额“碧梧新月”，两侧有对联“桐际忽明知月上，竹梢微响觉风来”。标题有“润翁题于丁巳暮春”。“碧梧新月”指有才华的人，而对联可以查到两个出处，一是在宋代真山民的《夜饮赵园次徐君实韵》诗中有“花影忽生知月到，竹梢微响觉风来”；二是绍兴西园的龙山诗巢景点有对联“林表忽明知月上，竹梢微响觉风来”。题联者将梧桐引入对联和匾额，使得表达意境整体统一。而丁巳年是民国六年（1917），润翁是清末民初著名作家、学者马其昶，晚号抱润翁，1916年他被清史馆聘为总纂，编写了很多重要书籍。当时该府第还是霱公府，可见霱公府请他提写了该匾额与对联。院中可见新修建的圆形汉白玉的“曲水流觞”景观。第三进院为前院正房与后院游廊之间形成的小院落，游廊正中有垂花门一座。第四进院有正房五间，东西厢房各三间。第五进院内有后罩房七开间，建筑进深很大，屋顶为两卷勾连搭，卷棚板瓦顶。

西路现存三进院落，第一进院的正房为两卷勾连搭，第二进院的正房三开间，卷棚筒瓦顶，第三进院的北房五开间，硬山板瓦顶。东路院落现存三进，第一进院落东南有入口门，有倒座房、正房三间，有东西厢房及厢房的耳房，第二进院落仅有正房三开间，屋顶形式与隔壁51号院相同。第三进院已经改为现代建筑围合（图五）。

四、建筑特征

（一）杜尔祜贝勒府的后身诚公府的建筑规制

关于历史上的杜尔祜贝勒府规制我们没有相关图示资料可以查阅，仅可以从《乾隆京城全图》上该处府第的地图情况了解大概。从表一中可以看出，《乾隆京城全图》上的府第属于当时贝勒杜尔祜的后代辅国公诚保，也就是诚公府（图六）。从图上可见，建筑布局为两路三进院落，主路为东路院落。第一进院落南有大门三开间，北有正房三开间，东西各有厢房三开间，正房与两侧厢房有廊屋相

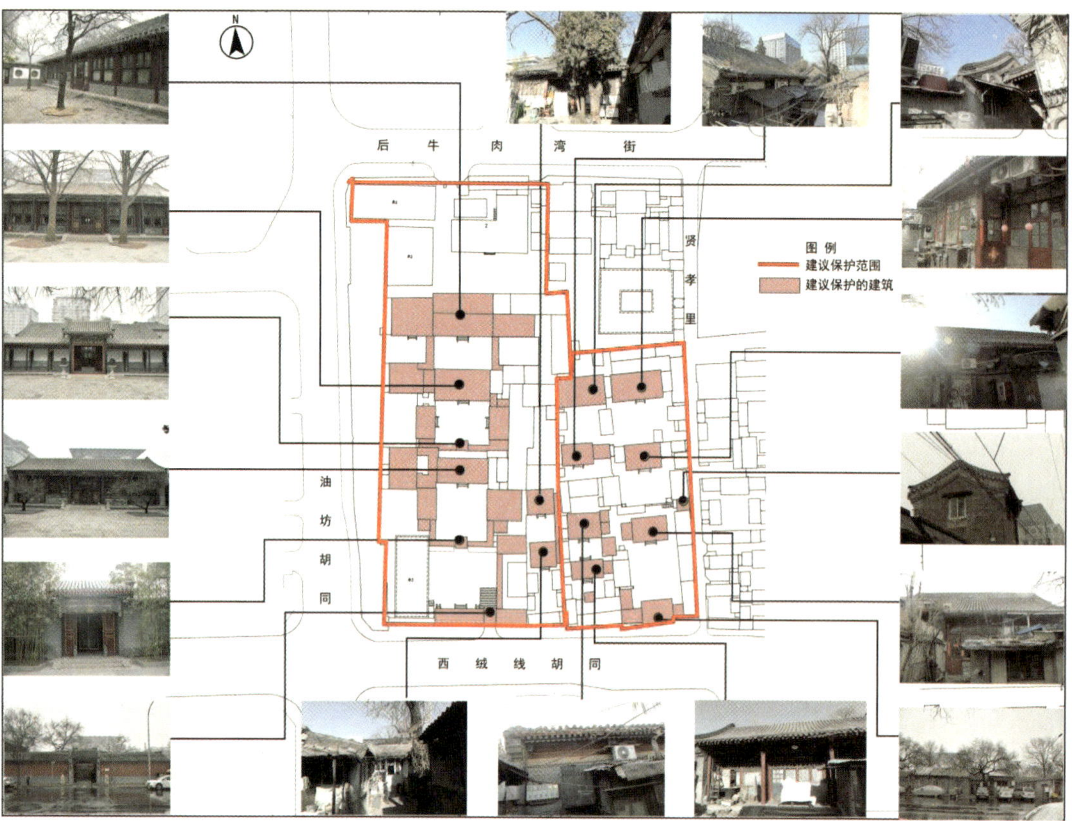

图五 承公府与霱公府推测范围及建议保护建筑分布

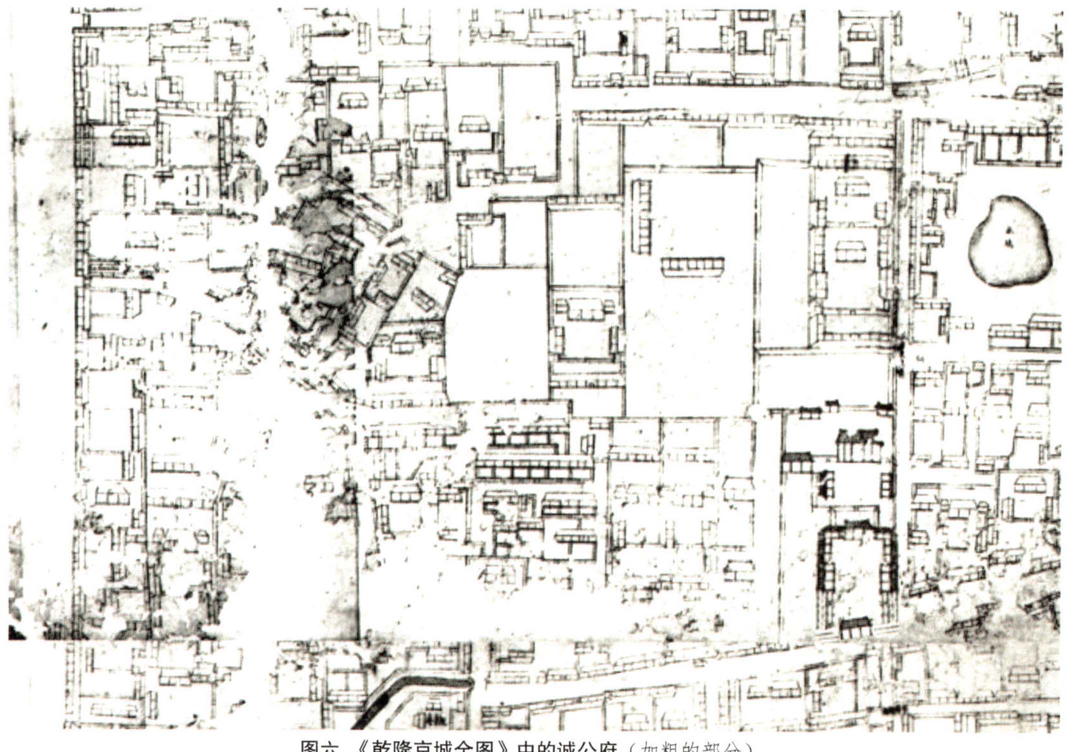

图六 《乾隆京城全图》中的诚公府（加粗的部分）

连。第二进院北侧有五开间后楼一座，东西各有厢房。第三进院为开阔横向空间，北侧有三座较小的两开间房屋。西路为附属院落，仅有一座正房，正房前是南北向的开阔院落空间。从地图上看，诚公府的西侧已经初步形成了三路规整的院落，但是没有加粗，因此不属于诚公府。诚公府北侧不远处也有一组规整的多进四合院，同样不属于诚公府。

诚公府的前身为杜度贝勒府，但是清入关前杜度已经去世，而其子杜尔祜当时还曾是镇国公或辅国公，到了顺治八年才封贝勒，在《八旗通志》记载的各个时期王府规制变化中，杜尔祜封贝勒之前的王府规制变化是，建筑布局是崇德年间规定的“贝勒府，台基高六尺。正房一座，厢房两座。内门盖与台基之上。用平常筒瓦，朱漆。余与郡王同（两层楼一座）。贝子府，正房、厢房俱在平地盖造。”顺治元年修改了王府的“屋基之制”，贝勒府台基六尺，“固山贝子、镇国公、辅国公，屋台高二尺。”清代的营造尺为32厘米，也就是台基为64厘米。顺治五年（1648）又规定了各级王府的装饰细部。顺治九年（1652）才有了相对较为系统细致的王府规制，“贝勒府，台基高六尺，台基上盖房五座。”“正门三间，启门一。”从《乾隆京城全图》上的诚公府图看，台基变化反映不出，但是建筑布局没有到达顺治九年规制中主轴线上“盖房五座（重）”的标准。其建筑布局更符合崇德年间的贝勒规制，有正房一座，厢房两座，大门一座，两层楼一座。只不过第二进院又多了东西厢房。但台基高度达不到贝勒府六尺的高度。但是其大门三开间，中间开间开门，符合顺治九年的规制。

（二）承公府建筑规制

关于现在的承公府布局，我们可以断定承公府是杜尔祜贝勒府最早的府址部分，这也是绵勋贝子分府时为何当时的端秀会保留东部而把西部给勋贝子。现在的承公府距离1750年的诚公府已经过去约270年，其间肯定经过翻建和修缮，而在光绪年间（1875—1908）的《钦定大清会典》卷五十八“工部”记载了新的王府规制：“凡府第各颁其制……贝子府制基高二尺，正门一重，堂屋四重，各广五间，脊用望兽。余与贝勒府同。镇国公、辅国公府制亦如之。”现在的承公府主路建筑是台基高符合，大门三开间启一符合，但是堂屋三重，没有达到四重，不符合，第一进院和第二进院的正房各三间，没有达到五间，不符合。第三进院正房五开间，

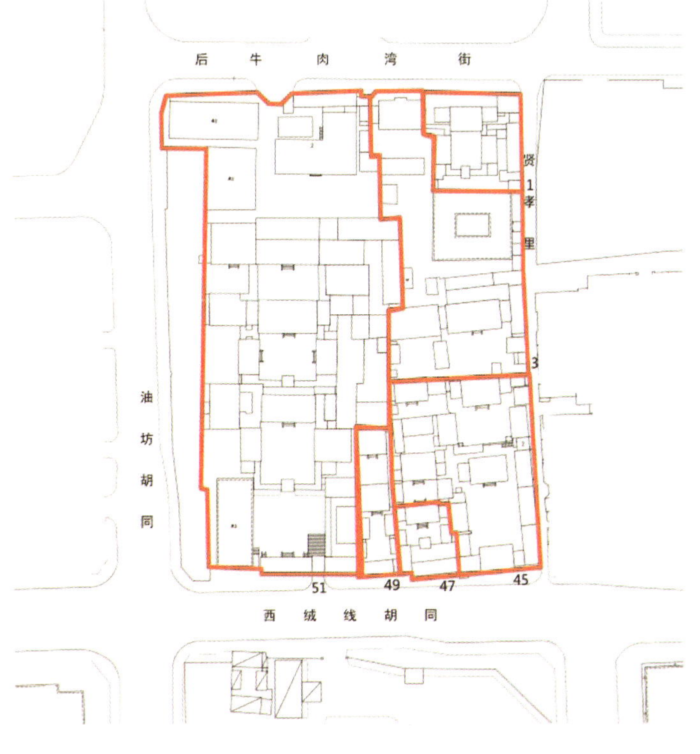

图七 承公府与霱公府所在地块现状院落划分（自绘）

符合。可见，承公府的规制比光绪年间的王府规制要低。

（三）霱公府建筑规制

同治八年，绵勋贝子迁入端秀宅分西侧部分时，当时的王府规制还是遵循顺治九年的王府规制，“贝子府：台基高二尺”，“台基上盖房五座”。目前其中轴线上的建筑基本符合“基高二尺”规制。霱公府中路为五进院，第二、三进院落内都有五开间正房，第四进院落内正房为七开间，当时还没有光绪年间的贝子府主轴线上的建筑“各广五间”的规制，因此不算越制。除正门与第四进院正房为板瓦顶外，其他建筑均为筒瓦屋面，与规制大体符合。对比勋贝子府搬来之前的府第地盘图样可以看出，前后两座贝子府在中轴线的建筑布局上都是有五进院落，中轴线上都有房四座，比规制稍低，前者还有大门两座，后者有垂花门两座（图七、图八）。可见，霱公府的建造较严格地遵循了贝子府建筑规制，是清代贝子府建筑的典型代表。但入口偏东南方的大门和内部的两座垂花门不符合王府规制。

（四）建筑空间

承公府院落为两路，院落空间没有游廊连接。西路院落第一进院内有一垂花门，有院落五进；东侧院落为主轴线，目前留有三进院落，院落空间和建筑尺度都要更大。其建筑、空间尺度和层次都比霱公府要小。

霱公府院落分为三路，主轴线上每一进院落都有抄手游廊将正房（殿）和配房（殿）相连接，既是主要交通空间，又可以划分和丰富院落空间，同时又可以遮阴避雨，形成了其独特的空间特色（图九）。游廊廊顶均为卷棚脊，筒瓦屋面。其中在第一、二进院中央有一处连接东西配房和垂花门的抄手游廊，垂花门作为内宅门将内部与外部院子分开。主轴线上廊子围合院落是其重要的空间特色。

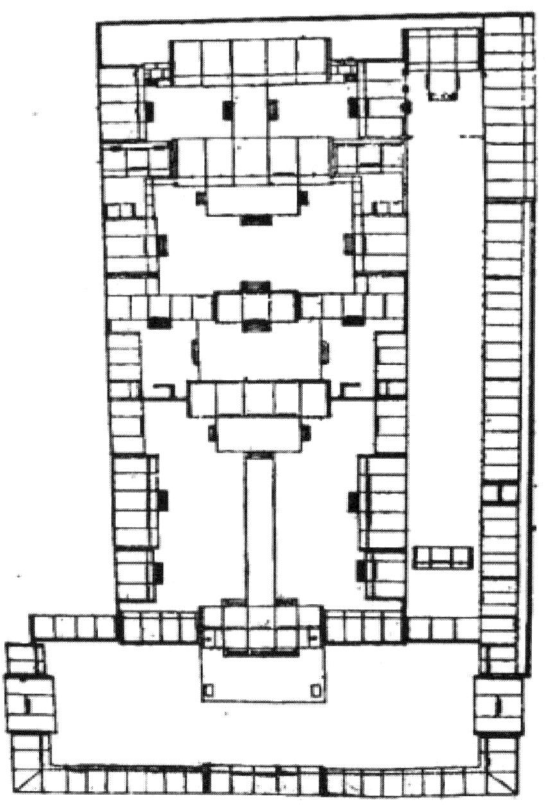
图八 清同治五年的固山贝子绵勋府第地盘图样摹绘

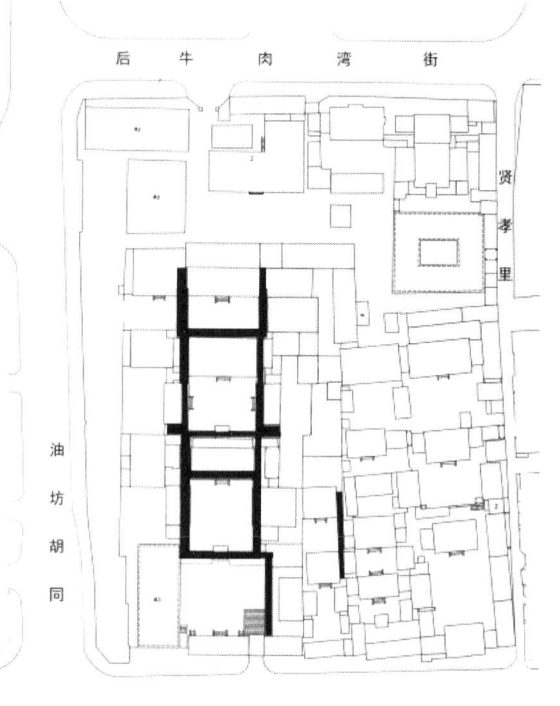

图九 霱公府的游廊院落空间分析

五、价值与结论

承公府与霱公府作为历史上同一座王府分开的两座府，在王府建筑的建造和演变研究方面具有一定历史价值；同时承公府所代表的辅国公府建筑规制和霱公府所代表的贝子府建筑规制，在研究清代较低等级的王府建筑方面具有重要的代表性价值。承公府与霱公府的整体院落格局都保存较好，且两者各具特色，尺度有对比差异，体现了北京传统四合院建筑布局的灵活性。同时院内主要建筑的屋顶、木构架、砖墙细部雕刻、垂花门等细部装饰保存较好，具有重要的艺术价值。承公府与霱公府的历史沿革不仅展示了清代贝勒褚英和贝子绵勋两家的王爵传承文化，霱公府部分还曾作为北京著名的餐饮老字号承担了多次重要的国家外事接待任务，成为近现代我国外事交往的一个重要地点。同时，承公府目前作为居住大杂院也展现了老北京的现代居住文化特色。

综上，从最开始的杜尔祜贝勒府到最后的承公府，这两座王府是清初的贝勒褚英一脉相承的府第，一共经历了8任府主；而霱公府则经历了2任府主。杜尔祜贝勒府的建筑规制不详，其在1750年的诚公府建筑布局符合崇德年间的贝勒规制，但台基达不到六尺；承公府的建筑规制基本符合光绪年间辅国公府规制，但是中轴线上的房屋重数和房屋的开间数都比辅国公府的规制低；霱公府的建筑规制符合贝子府规制，但入口大门和两座垂花门的设置不符合王府规制。目前，承公府和霱公府两座府相邻，建筑现存状况整体尚好，具有保护价值的建筑数量较多，建筑规制较高，建议将这两座王府建筑统一进行整体保护，同时结合周边城市发展需求，合理设定利用功能，使得王府建筑能够发挥更大的作用。

---

① 冯其利：《寻访京城清王府》，文化艺术出版社，2006年，第36—38页。

② 北京市西城区委员会、中国人民政治协商会议、文史资料委员会：《府第寻踪》，中国文史出版社，2006年，第322—328页。

③ 陈文良：《北京传统文化便览》，北京燕山出版社，1992年，第617页。

④ 中国人民政治协商会议本溪市溪湖区委员会文史资料委员会编：《溪湖文史资料》，第2辑，1992年，第1页。

⑤ 周远廉：《清朝兴亡史》，第1卷“创业开国”，北京燕山出版社，2016年，第108—110页。

⑥ （清）朱一新：《京师坊巷志稿》，北京古籍出版社，1982年，第66-67页。

⑦《二十五史·清史稿下》，中国文史出版社，2003年，第1283页。

⑧⑨ 金承涛：《后金镶白旗第一任旗主多罗安平贝勒杜度家族人物史略（1597—1993）》，《山西档案》2014年第1期。

⑩ 北京市政协文史资料委员会编：《北京文史资料》（第72辑）北京出版社，2007年，第209—210页。

⑪ 徐苹芳：《中国城市考古学论集》，上海古籍出版社，2015年，第19页。

⑫ 刘季人编：《北京西城文物史迹（第1辑上）》，北京燕山出版社，2011年，第325页。

（作者单位：北京建筑大学建筑与城市规划学院）

智化寺古建筑群的保护与利用

杨　薇

由中共中央办公厅、国务院办公厅印发的《关于加强文物保护利用改革的若干意见》中明确指出："要加强文物保护利用改革，对于我国文化遗产保护传承具有重要意义。要把确保文物安全放在首要位置，聚焦文物保护的重点难点问题，加强制度设计和精准管理，注意盘活文物资源，在保护中发展，在发展中保护。"这是以习近平同志为核心的党中央对文物工作面对新时代新任务提出的新要求。同时，随着公众对文物保护和利用关注度的日益提高，更多的公众渴望了解更多与博物馆有关的历史文化知识，走进博物馆参观。中央的指示和公众的需求就要求博物馆工作人员必须紧跟形势，抓住机遇，让历史说话，让文物说话，加强文物的保护与利用工作，不断提升博物馆展览和开放接待的水平。

北京文博交流馆是一座以智化寺为馆址的古建遗址类博物馆。智化寺建于明正统九年（1444），是明英宗时期司礼监太监王振所建，繁盛时期占地两万余平方米，为皇城东部一座大型寺院。1961年智化寺被国务院公布为第一批全国重点文物保护单位。多年来，我馆陆续开展了多项对智化寺古建筑的保护修缮工程，取得了

图一　智化寺全景图

很好的保护效果，并通过多种手段对智化寺的历史文化进行详细解读，让观众了解智化寺，走进智化寺，共同感受古代工匠的奇思妙想和华夏先民的无限智慧。

一、智化寺古建筑群的保护工程

智化寺是北京市内较完整的明代木结构建筑群，其中轴线上的山门、智化门、智化殿、藏殿、大智殿、如来殿（万佛阁）、大悲堂等主体建筑保存基本完整，共四进殿宇（图一）。现存主要建筑的梁架结构、天花彩画等，除了具有典型的明代特点外，还上有接近宋元的做法、下有靠近清代的形制，因此，智化寺为研究明代建筑乃至宋元建筑的发展提供了重要实物例证。由于智化寺是明代早期的建筑，又是敕赐的高规格的官式建筑，因此它具有非常深厚的历史文化价值和文物研究价值。

图二 2002年下架油饰工程

图三 2007年智化寺古建修缮工程，工人在补配屋面缺失的瓦件

图四 2008年智化寺室内天花彩绘除尘保护工程

（一）近二十年来的智化寺古建修缮工程

自2002年开始，在北京市文物局的领导和北京市财政资金的支持下，我馆陆续对智化寺的建筑本体和附属文物开展了一系列的保护修缮工程，如2002年进行了智化寺下架油饰工程，对全寺建筑的外檐下架地仗砍除新做并油饰见新（图二）；2007年智化寺古建修缮工程中，对各建筑的屋面进行清理，按照原样补配缺失瓦件（图三），在院内围墙和破损地面进行局部修补，对各大殿外檐斗拱部位安装防鸟网，消除了院内安全隐患；2008年，开展智化寺室内天花彩绘除尘保护工程（图四），采用物理除尘的方法去除表面灰尘，对污渍比较严重的彩画采用有机溶剂进行清洗；2009年，进行了屋顶抢险修缮工程，对院内古建筑瓦面和上屋架外檐木构件抢险修缮，补配缺失的瓦件，对糟朽的木构件进行替换；2015年，完成智化门抢险加固工程；2018年，进行了大悲堂修缮工程。通过这一系列的修缮工程，使得智化寺古建得到了很好的保护。

（二）对部分殿堂的原状陈列保护工程

由于年代久远，目前智化寺中仅有藏殿、如来殿、万佛阁三座殿堂基本保留着明代原状，因此它们成为了原状陈列保护工程的重点区域。藏殿是智化寺第二进院落的西配殿，殿中保存有一具明代转轮藏。整个转轮藏由汉白玉石须弥底座、木质八面经橱及顶端面东而坐的毗卢遮那佛三部分组成，最为精美的部分当为转轮藏的雕刻和顶部的藻井，堪称明代建筑的艺术瑰宝。如来殿、万佛阁为同一建筑，但一底一楼，名称各异，它们是智化寺内体量最大、等级最高、最为精美、保存最为完整的殿堂。一层如来殿内供奉如来本尊，二层万佛阁供奉三身佛，上下两层殿堂中除了主佛以外，还有近万个佛龛供奉小佛像，并保留有明英宗御赐《大藏经》的藏经碑和曲尺形藏经橱，可以说保留了相当多的历史信息。我馆通过修缮工程和保护措施，最大限度保持了殿堂的原状陈列，原汁原味地向观众展示出明朝建筑的室内布局。

为了更好地展示出藏殿、如来殿和万佛阁的原状陈列，我们也开展多项工作。首先是进行佛像、殿堂的修缮与保护工程。2003年，对如来殿内供奉的如来佛、大梵天和帝释天，万佛阁供奉的毗卢遮那佛、卢舍那佛和释迦摩尼佛等11尊佛像进行了修复（图五）。这些佛像造型古朴典雅，制作工艺细腻、技巧纯熟、用色考究，是古代佛像艺术的精品，经过清理除尘、补配构件、填实裂缝、回贴空鼓地仗等工作，尽可能多地还原其历史风貌；2004年，开展了藏殿防水保护工程，通过防渗地基灌浆施工、雨水疏导系统施工、除湿设备安装等工程后，经过检测，防水工程取得了阶段性成果，也为开展后续工作奠定了基础。此外，2004年还对藏殿内的明代转轮藏进行了除尘、雕刻补配个别缺失部件、补齐藏经橱抽屉盖板及相应的抽屉拉环等工作；2009年，对万佛阁内壁佛龛及小佛像进行保护，对小佛像进行修复与补换，对佛龛进行加固、除尘和修复（图六）；2012—2013年，经历了8个月的闭馆修缮，对如来殿、万佛阁的地面、楼梯、栏杆、柱子、瓦面等破损部位进行修复，对建筑结构移位的部分进行了拨正归安，对彩绘剥落的地方进行了修补。

图五 2003年佛像修复工程

图六 2009年万佛阁内壁佛龛及小佛像保护工程

其次，去除殿堂内的现代元素，还原和保护历史原貌。在2017—2018年的展览改陈中，注重保护古建筑原状，减少现代化设施的干扰。我们摒弃了一些有碍观瞻的、过于现代化的围护，重新设计了仿古的围栏，如对转轮藏围护的选择上，我们采用坡台加软围挡的形式进行围护。使用的一米线也是经过了精心设计的，颜色选取了醒目的红色，其图案取材于转轮藏石质须弥座上的佛八宝图案，与藏殿整体氛围和谐统一。同时，围护坡台也成为了很好的展览解读带，可以对转轮藏的文化进行简要解读。另外，我们拆除了古建筑内不适宜的遮挡，比如万佛阁的藻井由于历史原因流失海外，改陈之前，原来陈设藻井的部位使用了木板加以遮挡。在本次改陈中，我们拆除了遮挡，露出古建筑顶部梁架，展示古代工匠的营造之美，更显古意盎然，也让观众可以观察到更多建筑梁架结构的细节。

图七 “古建解码 营造之美——智化寺建筑展”

二、智化寺古建筑群的利用工作

为了更好地展示智化寺的文化资源，向观众讲好智化寺故事，我们从固定陈列、技术运用、灯光照明、讲解接待、科研出版、媒体宣传等许多方面开展工作，加强对智化寺古建筑群的宣传与利用工作。

（一）更新固定陈列，解读历史文化

2017年至2018年初，我馆进行了基本陈列的改造项目，在原有展陈的基础上，将最近几年的最新研究成果融入其中，更加细致地解读了智化寺的历史文化，满足观众日益增长的文化需求。此次改陈，开辟了钟楼、鼓楼、智化门、智化殿、藏殿、大智殿、如来殿等展厅，共推出的六个基本展览和一个原状陈列展，其中与智化寺古建筑密切相关的展览有：“明式钟鼓　寓意深远——智化寺钟鼓展”“智化寺故事——智化寺历史沿革展”“奇工巧匠　艺术瑰宝——藏殿文化艺术展”“古建解码　营造之美——智化寺建筑展”“明承宋制　宝殿楼阁——如来殿原状陈列展。”这些展览分布在与展出内容相一致的古建筑展厅内，让观众既可以欣赏到明代建筑的原物，同时通过观看展览，又能够了解文物背后的故事，知晓文物蕴含的价值，起到了很好的解读文化的作用。特别值得一提的是“古建解码　营造之美——智化寺建筑展”，该展览以古建线描图的方式展出，同时配合适当的文字说明（图七），分为“明承宋制　布局严谨”“梁架结构　独具特色”“斗拱支撑　装饰精美”“屋顶形制　古朴典雅”“明代彩画　素美端庄”五个部分，介绍了智化寺明代建筑的特点，并通过与宋元明清建筑的对比，对智化寺古建筑进行了一次全面解码，让观众能体味到古建的营造之美。

（二）运用科学技术，提升展览品位

随着科技的不断发展进步，各种新兴技术在博物馆中的应用也越来越普遍，在我馆的改陈过程中，通过先进技术的合理利用进行展示，带给观众全新的视听体验，使其身临其境，起到延长展线、增加展览趣味性的作用。例如，在博物馆入口的智化门展厅内，安装了LED液晶显示大屏，滚动播放智化寺宣传片，让观众进入展厅的时候就能感受到浓浓的传统文化气息（图八）；在钟楼展厅内通过红外感应技术让观众走到铜钟正下方时可以听到真实的钟声，用钟声把观众引入了历史情

图八 智化门展厅内的LED显示屏

图九 如来殿触摸屏

境，让大家遥想智化寺在明代全盛时期的景象；在藏殿、智化殿、如来殿展厅中不影响拍照镜头取景的位置增加触摸屏，将转轮藏、佛像、藻井、壁画、彩画、雕塑等古建筑细节的高清照片和详细介绍融入其中（图九），观众可以根据兴趣，查阅触摸屏中的内容；在智化殿展厅设置了观众互动体验的触摸屏，以增加展览的趣味性和观众的参与度；为不开放区域——万佛阁录制了巡游影片，并通过大型投影仪在一层如来殿西侧进行循环播放，让观众通过多媒体巡游的方式模拟参观二层万佛阁。通过这些多媒体手段，观众可以更好地了解展览的文化内涵，提升了展览品位。

（三）增加夜间照明，开展文化活动

2017—2018年的展览改陈中，古建筑展厅室内外灯光照明工程也是一个亮点，我们遵照“在保护文物的前提下，在古建筑内部营造适宜的参观环境；让智化寺看不见的文化元素得以体现，看得见的文化元素说明得更透彻”的原则，改善了室内展厅的灯光照明。我馆联系专业博物馆照明灯具厂家，经过比对，最终选定了高品质的灯具品牌，之后进行了照明灯光草图设计并到展厅现场进行灯光安装、调试，根据展厅条件，选择合适的灯具，包括设计特殊的安装配件，并邀请灯光设计师现场指导灯具安装。经过几个月的施工改造，达到了符合博物馆规范的展厅适度灯光照明，让古建筑室内展厅亮了起来。例如，我们对钟鼓楼展厅的明代柱础部位采用透明玻璃加灯光照明的技术处理，让观众有机会清晰地欣赏到明代建筑的柱础；在藏殿展厅增加了对转轮藏八个转角柱的灯光照明，并通过灯光照射形成明暗对比，突出了雕刻的层次，同时照亮了转轮藏后部的藏经橱。在转轮藏顶部照明灯具的选取上，我们费了一些周折，一般的照明灯具无法固定在转轮藏顶部的层层仰莲之上，这就给照明工程带来了困难。经过反复的调试，最终使用了特制的、能任意旋转角度的三角架灯具支撑在转轮藏顶部的莲瓣上，对毗卢遮那佛和坛城藻井进行照明，圆满地解决了这个问题；在智化殿展厅中，增加了对古建顶部的照明，以展现明代斗拱和屋顶梁架（图一〇），并采用微光灯具对后抱厦中的佛像和壁画进行照明，由值守人员直接控制开关，在观众集中参观时才开启照明设备，注意防止灯光对文物造成的破坏；在如来殿、万佛阁展厅，在对主要佛像文物进行照明的同

图一〇 智化殿展厅的照明效果

时，对屋顶进行散射照明，勾勒出建筑顶部的轮廓，展现出古朴的明代天花彩绘。通过室内展厅的照明改造工程，让观众走进展厅之后，可以清晰地观看建筑结构，欣赏明代古建的营造技艺。

古建筑的室外照明是在电增容和更换电缆的工程之后进行的，通过在古建筑前加装节能环保的LED洗墙射灯，对院内主要建筑的正立面进行打光，让观众朋友们在夜间也能够看清古建筑外观和部分细节（图一一）。同时，设计了满足夜间照明需求、外观简洁大方、与古建环境相匹配又融入了我馆文化特色的照明路灯。通过增加夜间照明系统，让古建筑的院落也亮起来，“建筑外部空间照明能够赋予建筑一种奇特的魅力，它既可以延续建筑在夜间的‘生命’，也可以重塑建筑，让建筑在单调的夜晚里生动起来”①，夜间照明工程也为我馆开展“博物馆之夜”、音乐晚会等活动提供了保障。

（四）加强科研工作，转换研究成果

针对智化寺古建筑群的科研工作将是我馆业务人员长久的研究课题。我们的祖先留下了珍贵的历史文化遗产，每一间殿堂的建筑结构中，每一件雕刻、佛像、壁画、彩画中，都融入了能工巧匠的无限智慧，值得仔细地推敲和研究。近年来，我馆陆续出版了《古刹智化寺》《以木板为支撑体的古代壁画保护研究》《智化寺藏元明清佛经版画赏析》《智化寺古建保护与研究》等出版物，业务人员根据自身专业选取研究方向，对古建筑结构、历史沿革、佛教文化元素、馆藏文物等分别开展研究，并将研究成果通过论文、展览、讲座、讲解等方式进行转化，让观众了解智化寺最新的科研成果。

由于我馆科研人员较少，力量较为薄弱，因此我们积极与高等院校、科研院所开展合作，共同研究智化寺古建筑。近年来，我馆陆续与北京工业大学建筑与城市规划学院合作，首先开展了智化寺古建筑群及重要造像的测绘工作，采集到建筑结构的基本数据。其次，对如来殿、万佛阁的天花彩画取样，进行颜料层分析，并利用相关数据对如来殿天花进行了常识性的仿真复原；与中央美术学院从事建筑文化遗产研究和保护领域的教授合作，对智化寺铜钟和转轮藏的梵文、各殿堂佛像的配置及天花彩画的文化内涵进行深入解读；与清华大学合作，进行智化寺转轮藏的三维扫描，保存下转轮藏细部照片和整体扫描数据，为今后开展转轮藏结构研究和色

图一一 如来殿（万佛阁）的灯光照明效果

彩还原奠定基础。

（五）做好讲解工作，提高接待水平

讲解接待工作也是宣传博物馆的绝好机会，我们通过学习和培训，不断提高讲解人员的素质和水平。在“5·18国际博物馆日”和6月初的“文化和自然遗产日”当天及周末，推出馆长接待活动，由博物馆馆长亲自为前来参观的观众讲解。由于中小型博物馆普遍存在着专职讲解员人数较少的问题，为了满足观众需求，我们吸收了高水平、高学历、各学科、多领域又热爱古建筑的志愿者老师们的加入，在通过培训和试讲之后，成为我馆的正式志愿者，由他们来充实讲解队伍。这些志愿者们对公益事业充满了热情，他们来自各行各业，可以在讲解过程中加入自己的学科特色，形成独特的风格。如今，我们的志愿者团队已经颇具特色，许多观众在听完志愿者老师们的讲解之后，都觉得受益匪浅，有些志愿者老师已经成为“明星”讲解员，被观众朋友们在微信、微博上大力宣传。如今，志愿者的定时讲解也逐渐成为我馆的一大特色。

在基本陈列改造和灯光照明改造工程完成之后，我馆不定期地推出了“博物馆之夜”的活动，该活动通过预约的方式邀请观众来体验晚间开放的博物馆，欣赏在灯光照明下的古建筑之美。在专场活动中，我馆聘请了高校、科研院所的古建专家向观众详细解读智化寺的整体布局、梁架结构、斗拱支撑、屋顶形制和旋子彩画等内容，让观众学习古建筑知识，畅游博物馆之夜。

（六）运用媒体宣传，提升社会知名度

虽然智化寺距离东二环仅仅二百米，但隐藏于胡同深处，使得这座博物馆并不好找，颇有“大隐隐于市”的感觉，因此利用多种手段对博物馆进行宣传也成为了一项重要工作。我馆首先对馆外沿街的宣传栏进行了改造，在宣传栏中介绍智化寺的建筑布局、主要看点和参观导航，让大家提前了解博物馆的参观路线和主要看点，并通过张贴展览、讲座、文化活动的海报，方便观众了解我馆的最新活动，及时走进博物馆参观。其次，在馆内过道处增设了智化寺看点说明和智化寺全景图，为观众进行导引。在馆内咨询服务中心，我们印制了博物馆宣传折页、宣传画册，方便观众根据实际需要自取阅读。再次，开发了博物馆的参观导览APP，将智化寺所有展览内容传达给观众，让观众在参观之前就对智化寺有比较深入的了解，以增强到现场参观的欲望，同时方便观众下载保存，将智化寺的历史文化信息带走，便于随时查阅。在APP中，我们分别拍摄了智化寺白天和夜景照明的全景照片，可以360度地巡游智化寺，并设立有一些热点，可以通过手机的重力感应来调节观

图一二 智化寺参观导览APP

图一三 与CCTV合作的网络直播

看的角度，看到更多的古建筑细节（图一二）。再其次，利用我馆网站、微信、微博等媒体开展智化寺文化资源介绍，进行活动信息推送，扩大博物馆的宣传力度。最后，充分利用举办活动、展览开幕的时机进行视频直播，适当时机与各大媒体开展合作，进行平台更广阔的直播（图一三），以求吸引更多的观众关注智化寺，走进智化寺古建筑群参观游览。

三、结语

“文物承载灿烂文明，传承历史文化，维系民族精神，是老祖宗留给我们的宝贵遗产，是加强社会主义精神文明建设的深厚滋养。保护文物功在当代、利在千秋。”这是习近平总书记对文物保护工作的重要指示，这就要求我们必须守护好这座近六百年的智化寺古建筑群，通过开展的岁修和大修工程，确保古建筑延年益寿，在保护的基础上，研究和利用工作才可以顺利展开。在保护好智化寺古建筑群的基础上加以研究和利用，挖掘其历史文化内涵，开展深入研究，不断转换科研成果，更好地为观众服务，也是我们博物馆人的职责和使命。

习近平总书记曾经指出：“一个博物院就是一所大学校。要把凝结着中华民族传统文化的文物保护好、管理好，同时加强研究和利用。”这就对博物馆工作者提出了更高的要求，因此，我馆在科研基础上进行的展览改陈，通过运用科技手段，更好地解读了智化寺的历史内涵，博物馆灯光照明改造工程让古建遗址类博物馆更加亮丽，讲解和宣传工作增加了智化寺的知名度，让更多的观众了解博物馆文化，走进博物馆参观，感受博物馆的文化魅力。

① 宋彦明：《中国古建筑外部空间照明视觉感觉量化分析》，天津大学建筑学院硕士论文，2014年。

（作者单位：北京文博交流馆）

恭王府的文物保护与利用

郝　黎　杨树勤

恭王府位于北京西城区什刹海西岸的前海西街，1982年被列入第二批全国重点文物保护单位，1997年在北京市文物局注册登记为博物馆，2012年被评为国家5A级旅游景区，2014年恭王府被文化部确定为国家非物质文化遗产展示和保护基地，2017年被评定为第三批国家一级博物馆，是目前北京保存较为完整且唯一对社会开放的清代王府。

一、恭王府基本情况

有着“一座恭王府，半部清朝史”之誉的恭王府，从乾隆年间权倾一时的大学士和珅在此建宅（约1776年）开始，经历了乾隆、嘉庆、道光、咸丰、同治、光绪、宣统、民国和当代，至今已近两个半世纪。这里曾是晚清风云际会之地、王朝权力中心，与当时很多重大历史事件相联系，折射出中国近代以来的历史沿革和沧桑巨变；这里也曾是重要的文化场所，文人墨客雅集交游，吟诗赏画。民国以后，恭王府经历了从辅仁大学到北京艺术学院、中国音乐学院、中国艺术研究院等文化教育单位的演变，许多重大文化事件在此可觅到踪影。

1988年王府花园部分对社会开放；2008年府邸文物保护修缮工程竣工，实现全面开放，开放区面积约5.3万平方米。

近年来，恭王府博物馆设定了全新的三大定位——历史遗址博物馆、综合文化展示空间、文化旅游产业发展的产业平台，根据此定位，“五大职能”和“四张名片”顺应而出。所谓五大职能，即实现文物保护、旅游开放、博物馆业务建设、优秀传统文化展示和文化产业发展；四张名片，即打造以王府文化为核心的历史牌、以《红楼梦》与恭王府关系为核心的文化牌、以“福”文化为核心的民俗牌、以和珅一生传奇经历为背景的旅游牌。实现“五大职能”、打造“四张名片”，作为目前和今后工作的出发点，起到了“纲举目张”的作用，很好地处理了古建文物保护和利用的关系。

二、文物保护的做法

恭王府的天然属性是文物遗址，文物古建的修缮、保护是恭王府博物馆首要职能，是恭王府工作的重中之重。

（一）搬迁腾退，科学修缮，切实拯救保护清代王府

恭王府是全国重点文物保护单位，有着极高的历史价值和文化价值。然而中华人民共和国成立后，恭王府曾长期被公安部等10余家单位、200多户居民占用。国家三代领导人都十分关心恭王府的修缮开放工作，周恩来总理还做出了许多重要的具体指示。1978年，在时任国务院副总理谷牧同志的推动下开始了搬迁腾退工作。1988年，花园对外开放。2006年底，占用恭王府的最后一家单位中国音乐学院附中搬出，历时28年的搬迁腾退工作方得以完成。

从2005年开始，本着对国家负责、对人民负责、对历史负责的态度，恭王府制定务实的维修原则，完成了投资约两亿元的国家“十一五”规划工程和国家重点文物保护修缮工程——“恭王府府邸文物保护修缮工程”。该工程竣工后荣获“国家传统建筑工程示范工程奖”等奖项。府邸文物保护工程及开放保护了清代王府的完整性，为利用提供了更大的开放空间，吸引更多游客参观恭王府，成为建设“人文北京、人文奥运”的新亮点。

在党和国家几代领导人、社会各界和专家学者的关心下，文化部党组的领导下，经过恭王府人的不懈努力，用了30年的时间完成了恭王府的搬迁、修缮，实现了全面开放，它是党和政府关心文化事业、重视文物保护的例证。

加强古建的日常维护。文物的修缮不是一劳永逸的，日常的维护管理是更重要、更持久的保护。恭王府每年都从经营收入中拿出相当比例资金投入文保工作。

北京秋冬季节尤其是大风沙尘天气，极易造成对室内家具及装饰的侵袭。为此恭王府在锡晋斋、多福轩等重要展厅正门外部安装玻璃移门。移门为整体红色喷涂钢架结构，与古建整体风格一致。主体材质为钢化透明安全玻璃，为防止意外发生时玻璃破碎飞溅对游客造成的伤害，采用双层中间夹胶玻璃。遇到雨雪风沙等恶劣天气将玻璃移门关闭，可保护内部陈列物品，游客也可以透过玻璃对室内进行观赏。在天气适宜的情况下可将移门打开，为室内通风换气，兼顾了旅游开放、文物保护。

（二）着眼未来，合理规划，建立古建长效保护机制

长远发展，规划先行。文物保护和事业发展，离不开科学合理的规划安排。对于恭王府这样的“国保级”单位更是如此。总体规划是在科学论证基础上形成的总体方案，同时要经过上级主管部门和地方政府批准，具有科学依据和法律效力，对文博事业持续的资金投入和修缮维护都能起到积极的推进作用，有效避免工作中的随意性和盲目性。

近年来恭王府着手制定《恭王府总体保护规划》《恭王府总体发展规划》《恭王府旅游发展规划》和《恭王府花园总体修缮规划》。总体保护规划事关长远，统领全局，为今后的发展明确目标和方向，制定步骤和办法。

酝酿一年多的《恭王府文物保护总体规划》，经由合作方清华大学遗产研究院历时半年的资料收集、现场调查和整理研究等工作，业已完成。通过调研，掌握了周边环境和自身资源，明确了当下首要的任务和长远规划的目标，为最大限度地抢救保护文物古建群、合理有效地进行开发和利用指明了道路。

经过20多年的开放，恭王府花园古建园林已进入到维修期，有些古建已出现险情，为此编制了《恭王府花园总体修缮规划》，这是未来五到十年恭王府一项重要的任务，在确保开放的同时进行保护性修缮，兼顾合理的开发和利用。

原恭王府附属建筑之一、现为居民大杂院的福善寺，在恭王府的努力推动下，正式挂牌为文物保护单位，为下一步的腾退、搬迁和恢复工作奠定了基础。

（三）排除隐患，合理布局，充分保护并发挥古建作用

排除古建筑群及周边的隐患，方能使古建筑免受“城门失火，殃及池鱼”之扰。首先，对古建群以外的24号院、原四川饭店等建筑加紧实施功能性改造，将原有对安全构成潜在威胁的餐饮等功能撤离古建筑群周边，既保证了产业开发的合理完善，又有效消除了古建群的安全隐患。其次，保护遗址恢复景观，拆除非古建、临建，将长期以来散布在开放区域古建区的办公用房迁至集中办公区域，实现了办公区与开放区、办公区与古建区的分离。再次，采取了很多措施，排除各种隐患：为保障文物和建筑不受损，在乐道堂展厅改造过程中，参考故宫午门“房中房”的做法，避免了游人与古建筑和文物本体接触；进行后罩楼承载力测试，为更好地利用和保护后罩楼提供依据；从布局、功能上对府内12个区域进行科学合理分配。

（四）日常安防，常抓不懈，构筑安全防范的铜墙铁壁

建立完整的规章制度。2017年国庆黄金周期间，根据文化部和北京市领导到恭王府检查提出的要求，在完善各项应急预案和安全布防的基础上，针对存在的各种问题、漏洞及风险点，制定了21条强化和改进举措，包括：进一步完善安全旅游开放应急预案、安全保卫工作预案，编制安全生产管理手册，完善干部值班管理制度，明确值班干部的责任，实行日常值班干部“代馆长”制，建立应急突发事宜上报和反馈机制，完善信息发布审核程序和报送制度等。

加强安全教育培训。树立安全是“1”、其他是“0”的意识，坚持每年两次在职工中广泛开展消防安全教育活动和灭火演练技能培训，做到消防观念深入人心，消防技能人人掌握。

建立严密的巡防体系，强化干部值班、24小时监控、护卫队巡查、物业巡视、警察值守5套安防体系。

安防设备不断更新，定期更换消防设施，重点增建监控设备，实现消防、安保监控的立体全面覆盖。从2015年11月底动工至2016年4月完工，历时137天，完成“消防、安防系统改造工程”。改造后，包括火灾自动报警及联动控制系统、监控中心气体灭火系统、室外庭院消防自动水炮系统、视频安防监控系统、入侵报警系统、电子巡更系统等10余项安防和消防系统得到了全面改造升级。改造工程有效地消除了恭王府景区内消防、防盗方面的安全隐患，可及时观察到景区内游客集中区域的流动情况，掌握景区内的游客人员数量，为预防性地疏导游客提供直观的依据，大大提升了文物保护安全防范工作的技防和物防水平，为创造安全舒适的旅游景区环境提供了有效的技术保障，为恭王府的长治久安打下坚实基础。

2018年，针对电力设备老化、临电系统安全隐患突出、用电量不能开放及业务活动需要等问题，完成供配电系统改造工程。

加强了文物、古建、环境的巡查，广泛将科技手段应用于文物保护和库房环境监测。特别是2016年的防汛安保工作中，通过文化部科技司验收的“基于物联网和云计算技术的文物保护单位系统研究与示范”项目大显其能，实现了文物库房提前预警，经受住了汛期暴雨的考验，保证了文物安全和文化遗产安全。

加强日常管理和施工监管，加强水、电、暖的运营和保障力度，强化日常设备设施的检修和维护，及时清理废旧资产。细化停车、出入证等管理制度，严把各项安全关口。加强服务和设施建设，完善公务用车、医疗服务等制度，确保职工人身安全和单位事业安全。

（五）防范游客带来的安全隐患

自2009年9月起，恭王府探索性地实施了团队游预约参观制度，开北京旅游景区预约参观的先河。开发了内部预订管理系统，形成了完整的团体电话预订、系统开单、门票销售的一系列程序。团队预约切实有效地达到了“削峰平谷，调控客流”的目的，最大限度地保护了游客和文物的安全；提供舒适、优良的参观环境，最大限度地满足人民群众的需求；杜绝各种安全隐患和管理漏洞，减少对周边居民的干扰；增强了旅行社和导游行程的计划性，他们不必因为长时间等待或找不到停车位而与游客和交通管理部门发生纠纷。这一做法充分显示，恭王府宁可损失一定的经济利益，也要把古建安全和社会效益放在第一位。

目前故宫博物院已经实现全网预约，走在了文博界的前列。恭王府也在建立自营票务平台，逐步实施网上预约售票，预计2018年年底能够上线。

加强对入园游客及物品的安全检查，

此外恭王府设立了存包处等服务机构，消除游客携带大件行李进入恭王府的隐患及游客投诉不畅有可能带来的潜在危害。

发挥导游员的引导作用。恭王府导游员既是讲解员、宣传员，又是安全引导员。既能详细介绍恭王府内涵，又能根据园内客流量的具体情况，通过调整路线、增加讲解内容等方式引导游客有序参观。

充分利用网络平台增加观众量，缓解扩大博物馆影响力和文物保护的矛盾。2017年的文化活动首次运用包括VR直播技术在内的互联网视频直播手段，实现了线上线下的双重观演体验，让更多的观众可以通过网络平台共享活动盛况，增强了活动的互动性和参与度。“良辰美景•恭王府2017年非遗演出季”、恭王府与《红楼梦》系列讲座、海棠雅集等7项文化活动、6场学术讲座，让更多喜爱传统文化的朋友们能够享受到恭王府文化活动的盛宴。“新浪”“今日头条”等12家网络直播平台先后参与了直播活动，总计超过110万的网友通过网络终端观看了“良辰美景•恭王府2017年非遗演出季”，恭王府与《红楼梦》系列讲座六讲网络直播的观看人数达550余万。

三、文物利用的做法

旧藏文物流失殆尽，内部装饰荡然无存，刚刚修缮完毕的恭王府几乎空空如也。经过百年变迁，恭王府一度变成了校舍和办公场所，复原起来十分困难。没有档案记载，没有参照物，没有见证人，也缺少资料和文物。复原恭王府，是个难题，是个严峻的挑战。

通过对恭王府历史及优秀传统文化的回望、传承、保护与传播，不断增加文化内涵，提高文化品位，形成浓郁的文化氛围。公众置身恭王府，总能感受到历史文化与建筑园林的有机统一。于是，文化遗产不只是静默的古老建筑，而是与人民群众形影相随，与时代发展并肩前行的灵动的、活态的文化空间。

（一）和恭仁文，塑造王府核心价值理念。

用文化引领恭王府前进方向，凝聚全体员工奋斗力量尤为重要。在深入挖掘自身资源的基础上，经过长期的探索，恭王府以“和恭仁文”四个字作为自己的核心价值观。

和，即和谐发展、融洽氛围；恭，即勤奋认真、努力工作；仁，即仁者爱人、社会责任；文，即文教昌盛、攻关科研。恭王府的历史，从第一代府主和珅，到宦海沉浮的恭亲王奕䜣，从辅仁大学再到今天作为文化部直属事业单位，从恭王府每一个代表时代抽取一个极具文化理念的汉字，连缀起来就是今天恭王府的核心价值理念——“和恭仁文”，不仅反映了传承有绪的恭王府的历史发展轨迹，又深具传统文化内涵和现代价值理念。

新理念促新发展。“和恭仁文”核心价值理念的提出，使得恭王府形成了共同的思想道德基础、统一的指导思想，有助于筑牢共同理想信念，形成不竭精神动力，使得各项具体工作的开展有了基本的价值判断，是恭王府无形的精神财富。

（二）打造国家5A级景区

2009年恭王府开始创建国家5A级旅游景区，5A级旅游景区是中国旅游的最高等级和精品。由于恭王府地处京城，更是精品中的精品，为此国家旅游局要求更加严格，经常派员来暗访。经历了多次暗访、整改和提升，恭王府2012年成功荣膺国家5A级旅游景区。

以创建为契机，恭王府大力完善服务设施，全面提高管理和服务水平：增加休息室、母婴室；根据主管部门要求，开展厕所革命，新增第三空间卫生间，增加游客流量监测系统、自助讲解设备；推广手机二维码、手机导览等，实现wifi全覆盖等。游客中心各种功能布局更趋合理完善，以前导览机在入口处租用，归还也在同一地点。但由于恭王府是由东、中、西三路的多进多个四合院组成，对游客来说，从出口处寻找入口归还导览机不啻于走迷宫。为此博物馆从游客角度出发，在游客出口处增设归还处，极大地便利了游客。

近年来恭王府集中整治周边环境。众所周知，博物馆对地界内是内部管理，而门口外却归辖区管理。恭王府搞好辖区共建，最大限度地争取支持。

文化产业方面，恭王府大力打造福文化品牌。中国人的福文化，是传统文化的重要部分。在恭王府里，处处都能感受到当初园主人对中国福文化的认识和诠释。窗棂、门扇、隔板、图案等，到处都有“福”的印记，其中，花园秘云洞中“福”字碑，是康熙皇帝为其祖母孝庄皇太后祝寿所写，被认为是天下第一福。恭王府立足“福”字，开发了形式多样、内容丰富的“福”文化系列商品。各方游客来到恭王府，通过“看、摸、请”的方式，使恭王府的“福”成为文化和理想的寄托，也使“福”字纪念品成为最畅销的产品。

（三）打造国家一级博物馆

清朝260余年历史，北京有数十座王府，但时至今日，恭王府是唯一保存完好并向社会开放的清代王府。恭王府承载了丰富的历史文化信息，作为研究王府文化的博物馆，要使之成为王府文化的研究中心、王府生活的展示中心、王府文物的保护中心、王府文献的收藏中心。2013年恭王府成功申报国家二级博物馆，经过不懈努力，于2017年荣升一级博物馆。

就资料的收集而言，不但内容丰富，而且领域广泛。近年来，文化部恭王府博物馆出版了《和珅秘档》《王府文库》等20多部著作，召开了多次研讨会，将散布在国内外的王府资料进行有效的收集，正在形成王府文化系列。

近年来恭王府攻坚克难，倾力打造王府文化观览线，包括复原、准复原陈列及王府文化展览。目前形成了“艺术展、文物展、非遗展、影像展、园林展”五大展览体系，展览内容形式愈加丰富多样，突出情境式展览和“精、雅、文”的办展特色，极大地丰富了恭王府的文化内涵。2017年4个以恭王府馆藏品为主题的展览“爱新觉罗•毓嶦书法作品展”“恭王府馆藏扇面展”“恭王府馆藏唐卡艺术展”和“恭王府馆藏紫砂作品展”是恭王府充分挖掘自身馆藏资源、丰富展览体系的新亮点。

观众互动和亲身参与是2017年展览的一大特色，如“普洱熟茶渥堆技艺精品展”让观众可以亲自制作茶饼，体验普洱茶的传统制作技艺；“青海热贡唐卡研究成果展”“传统苏绣精品展”等展览特别聘请传承人和技师现场演示、绘画，让观众零距离了解艺术作品的创作过程。

在公共教育方面，创新讲解方式，以历史情景剧生动诠释王府历史，以服务弱势群体为特色，设立残疾人公益文化日，在全国景区中率先制作造价不菲的盲文导览图，获得了良好声誉。联合周边学校开展社教活动，实现资源共享。

在特色文化空间的营造方面，通过梳理历史脉络，挖掘在历史上有影响力的文化盛事，并结合中国的时令和民俗，推出了元旦欣唱、海棠雅集、端午诗会、良辰美景、中秋寄唱、梅香雅韵等品牌文化活动，将诗词歌赋、琴棋书画的中国人文之美再次搬上时代的舞台。经年不断、精彩纷呈的文化活动从历史走向未来，仿佛一朵朵闪耀中国审美和文化成果的浪花，获得文化界的认可，成为恭王府的文化新名牌，也使恭王府成为名副其实的“活态文化空间”。这是恭王府因地制宜、因陋就简，用后天勤勉弥补先天资源短板。唯有以继承和弘扬为己任，自觉肩负文化的担当，才能让有限的空间变成无限，让宝贵的文化遗产真正活起来。

2014年恭王府被文化部确定为国家非物质文化遗产展示和保护基地。恭王府提出“四展三研”的工作思路，即：展览、展示、展演、展销、研究、研讨、研修。近两年恭王府在中国文化遗产日期间组织举办的“非遗服饰秀”活动选取了和人们日常生活关系最密切的服饰作为展示题材，在流光溢彩的银安殿与一宫门之间天然形成的T台上，中外模特展示运用传统的精湛的染、织、绣等手工技艺与奇妙的创意设计相结合制就的霓裳羽衣，引起轰动，成为探索非遗传统在当代乃至未来的价值与生命力的有益实践。

国际交流与合作方面，“园林之光”项目是由德国拜德穆斯考和波兰瓦津基博物馆共同发起的一个国际博物馆联盟组织，目前有 7 个国家参与。通过该组织，恭王府的文化影响力逐渐扩大到国际舞台。

四、结语

文物保护的目的既是传承，也是利用。恭王府正确处理文物保护与利用的关系，既很好地保护文物，又合理地利用文物资源，满足人民日益增长的文化需求，传播优秀传统文化，得到了上级部门、专家学者、观众游客和社会各界的关注与认可，是文化遗产保护与利用的一个成功案例。

(作者单位：文化和旅游部恭王府博物馆)

京张铁路的保护与利用模式初探

董　良

工业遗产的概念最早出现于欧美地区，在此之前通常称之为“工业考古”，1955年英国学者Michael Rix发表文章，正式提出工业遗产概念。1978年，国际工业遗产保护委员会（The International Committee for the Conservation of the Industrial Heritage,简称TICCIH）在瑞典成立①，成为工业遗产保护走向全球化的标志。此后的数十年间，工业遗产保护逐渐由各国自发模式向国际合作模式转变，其中最具标志性的事件即为《下塔吉尔宪章》的发表，这是国际上首次对工业遗产的定义、价值等提出明确阐述。

2003年7月，国际工业遗产保护委员会在俄罗斯下塔吉尔召开会议，讨论并通过了《下塔吉尔宪章》，该宪章是国际工业遗产保护界最重要的法律文件，包括导言，工业遗产的定义，工业遗产的价值，鉴定、记录和研究的重要性，法律保护，维护和保护，教育和培训，陈述和阐释等内容，根据宪章的界定：“工业遗产由工业文化的遗留物组成，其拥有历史价值、技术价值、社会价值、建筑价值和科学价值。包括建筑物和机器设备、车间、磨坊、工厂、矿山和加工精炼场地、仓库和储藏室，包括能源的生产、传送、使用和运输场所，还包括相关的地下构造物，除此之外，与工业相联系的社会活动场所，比如住宅、宗教朝拜地或者是教育机构也都包含在工业遗产范畴之内。”通过这一表述来看，工业遗产具有的五大价值涵盖了不可移动文物的四大价值，从广义上属于不可移动文物，对工业遗产的保护与利用是对历史工业文化和工业技术的传承，利于近代工业文明的研究。

京张铁路作为我国自行设计、自主投资兴建的第一条官办铁路，是我国早期工业文明的代表之一，从工业遗产形态分类上看，属于交通设施类，同时沿线保存的职工宿舍、监工处、饭店、碉堡等不可移动遗存，作为与工业相联系的社会活动场所，一并划入工业遗产范畴。2007年首都博物馆曾对京张铁路进行过一次较为系统的文物探查，并发表了《活化京张铁路的保护形态——京张铁路调查纪实》一文，提出了京张铁路保护的迫切性。近些年来，随着北京冬奥会的筹办及新京张铁路的建设，京张铁路工业遗产的保护和利用逐步受到关注，探讨其保护与利用模式就显得尤为重要，也可为类似铁路工业遗产的保护提供珍贵案例。

一、京张铁路（北京段）现状概述及国内外案例分析

（一）京张铁路历史概况

清光绪三十一年（1905），因修建京奉铁路经费充盈，同时鉴于“张家口既属重镇，又当孔道，不但互市之要区，实亦西北之屏藩”②，时任督办袁世凯、胡橘棻奏请“以京奉余利筑京张全路”③获准，委任陈昭常为总办，詹天佑为会办兼总工程师，负责设计和施工。《京张铁路工程纪略》载：“（此铁路）声明不用洋工程公司，全由华员自行经理，以示此路为中国纯粹自造之路，与他国均不相

涉。”[④]同年4月，詹天佑作为总工程师带领熟谙工程的两名学生先行对线路进行了勘查，建议将修筑计划分为三个阶段：“第一段由丰台修至南口，长一百零四里，从速动工，年余方可竣工。第二段由南口修至岔道城，长三十三里，拟于第一段开工后即派精细工程师分驻关沟地方，详细测勘，两相比较，视何路为最宜，即由何山开凿，赶紧动工。第三段由岔道城经怀来、宣化达张家口，长二百二十三里，关沟山洞一时难以竣工，所有该段材料只可先用骡车由大道转运，陆续兴工，一俟山洞凿通，而第三段工程亦将告成。若两段同时并举，期以三年余约可全路同行。”[⑤]按詹天佑的建议，清光绪三十二年（1906）八月十三日铁路第一段竣工；第二段于1908年9月完成；第三段于1909年7月4日完成了全线铺轨工程，1909年9月24日全线通车。据史料记载：“1937年末，侵华日军因加大平绥铁路列车长度，将青龙桥车站股道延长至280米，于1938年2月投入使用。由于此工程开挖之土石堵塞山水通道，于1939年夏洪水泛滥时，将站东减水渠冲毁，南侧挡水墙冲倒，车站被掩，又因山洪夹带土石而下，青龙桥至南口间线路、桥梁损坏极大。同年8月对该段进行改线：废弃五桂头、石佛寺两山洞，改线10余公里，另建山洞4处，桥梁5座，1940年7月完工投入使用。”[⑥]

（二）沿线文物分布状况及特点

京张铁路南口至八达岭段属于当初修建铁路时的第一段，途经昌平南口、居庸关、延庆青龙桥、八达岭等地区，沿线现存文物点22处左右。从文物形态可划分为工业建筑类和交通设施类，其中站房、铁路桥、铁路涵洞等属于交通设施类，也是京张铁路沿线文物数量占比最大的部分，南口机车车辆厂内的厂房则属于工业建筑类，此外还有诸如饭店、职工宿舍、日军碉堡等其他辅助或军事类建筑遗存。从年代上划分，这一工业遗址大致划分为两个主要时期，第一时期为初创期，即京张铁路于清末建成后的工业遗存；第二个时期是日军占领期，这一时期京张铁路由于历史、自然等因素曾进行改线，侵华日军修建了部分铁路桥与沿线军事碉堡等，反映了这一时期日军对京张铁路的控制。这种多元化的文物构成体系，对于京张铁路的保护与利用提出了较高要求，需形成适用于多种文物形态的保护利用方案。同时，京张铁路还具有不同于一般传统工业遗址的特征，即线性文化遗产特征，体现在以下几个方面。

1. 从文物遗存分布地域上看，具有跨区域性和自然环境多样的特征。京张铁路自北京市昌平区南口至河北张家口，地跨两个行政区划及若干地级城市，地域跨度较为广泛，即使在北京境内，也先后穿越了昌平区和延庆区，这就形成了管理主体多样化的局面。同时，由于地域跨越广泛，铁路沿线的自然环境也是错综繁杂，既有平原地区，也有崇山峻岭，铁路线恰似穿针引线般将不同的自然风貌串联起来。

2. 从文化传承角度上看，京张铁路作为中国人自行设计建造的铁路，自竣工伊始就为北京至张家口的陆路交通提供了方便，达到了铁路修建的初衷。随着历史长河的推进，这条铁路线不但没有废弃，而且在当今社会继续发挥着作用，特别是在青龙桥火车站停站3分钟及“人”字形铁路的继续使用，均是对京张铁路历史文化的继承与发展。

3. 从观光角度上看，线性文化遗产由于具有地域跨度大、自然环境繁杂的特性，自然而然地形成了一条景观线路，以京张铁路南口至八达岭段为例，其途经的主要景点即包括居庸关长城、八达岭长城、摩崖石刻等，而铁路沿线植被的四季变化，也带给旅客不一样的视觉体验。

（三）国内外主要案例分析

1. 国外工业遗产保护与利用案例

工业遗产的保护与利用研究最早起源于欧洲，工业革命的发源地英国是最早开始重视工业遗产保护的国家之一，此后随着国际工业遗产保护联合会的成立，荷兰、德国、美国、比利时等国家的工业遗产保护也逐步得以发展。纵观国际的工业遗产的保护利用模式，大体分为两类，一类是原址保护，即保存工业遗址原貌；第一是建设主题博物馆或主题公园，比较典型的代表是英国的铁桥峡谷和德国的鲁尔工业区。

（1）英国铁桥峡谷

英国是工业革命的发源地，留存有大量工业遗产，也正是在这一背景下，英国也成为最早提出工业遗产概念并关注工业遗产保护与利用的国家之一，铁桥峡谷的保护与利用即被认为是英国工业遗产保护与利用的典范。

铁桥峡谷位于英国什罗普郡，作为工业革命历史遗迹的汇集区，这里集中了采矿区、铸造厂、工厂、车间、仓库等大量工业遗存，穿插于这些厂房与矿区之间的街巷、航道、铁路则构成了铁桥峡谷复杂有序的运输网络，其中最具代表性的工业遗存即为1779年建设的铁桥和采用焦炭炼铁的鼓风炉。铁桥由建筑兼桥梁设计师托马斯·法诺·伯里卡特设计，采用铁浇筑桥梁拱肋和桥面构件，1781年建成通车。鼓风炉则是建造铁桥过程中重要的工业设备之一，也是世界上首次采用焦炭炼铁的标志。1986年铁桥峡谷（艾恩布里奇戈尔热工业区）入选世界遗产名录。铁桥峡谷的保护模式主要有两种，一种是原生态模式保护，按原样方式留存了铁桥、鼓风炉等设施；另一种是主题博物馆模式，铁桥峡谷保留有十余座工业厂房，在规划与改造过程中改建为10座不同主题的博物馆，统称为“铁桥峡谷博物馆”，全方位解读铁桥峡谷的工业遗迹。借助上述保护与利用模式，现在的铁桥峡谷已建成为面积10平方公里的工业遗产景区，实现了工业遗产的再生。

（2）美国纽约曼哈顿铁路公园

美国的工业遗产保护始于20世纪80年代，国家公园官方机构于1969年建立美国历史工程档案，登录了国内近2000处工业建筑、遗址和构筑物[⑦]。美国纽约曼哈顿铁路公园就是以高架铁路线为主题改造而成的一处工业遗产利用典范。此条铁路位于纽约曼哈顿公园西侧，原为1930年修建的连接肉类加工区和哈德逊港口的铁路运输专线，1980年废弃，在设计师的改造下，形成了独具特色的空中景观花园廊道。

美国纽约曼哈顿铁路公园的改造以“植·筑”为设计理念，利用原有高架铁路线，从野生植物中挑选植物品种，使野花、野草为纵横交错的铁轨增添出不一样的色彩，展现出地域景观的个性和多样性。从设计师的改造中可以看到，该铁路遗产的保护并未采用传统的保护模式，铁路线路“不是作为古董原封不动地保留下来，也非对遗存的简单再利用，而是使各个历史时期的元素交织并存，产生复合的新的特征”[⑧]。

2. 国内工业遗产保护与利用案例

中国的工业遗产保护与欧美国家相比起步较晚，2006年4月18日，以“重视并保护工业遗产”为主题的中国工业遗产保护论坛在近代中国民族工商业重要发祥地之一的江苏无锡召开，标志着中国的工业遗产保护正式拉开大幕。这次论坛围绕近现代工业遗产的价值、中国工业遗产保存现状、未来工业遗产保护理念等方面开展了充分讨论，并发表了关于工业遗产保护的行业共识性文件《无锡建议——注重经济高速发展时期的工业遗产保护》，明确工业遗产是“具有历史学、社会学、建筑学和科技、审美价值的工业文化遗存”。同年5月，国家文物局下发《关于加强工业遗产保护的通知》，要求各地文物行政部门应充分认识工业遗产的价值及其保护意义，制订切实可行的工业遗产保护工作计划，有步骤地开展工业遗产的调查、评估、认定、保护与利用等各项工作。

2007年，北京市文物局与市工业促

进局、市规划委联合发布《北京市保护利用工业资源，发展文化创意产业指导意见》，并在此基础上制定颁布了《北京市工业遗产保护与再利用工作导则》，使北京地区的工业遗产保护与再利用工作有了相关依据，并相继开展了首钢工业遗产保护、北京焦化厂工业遗产保护等项目。2018年，国家工业和信息化部印发《国家工业遗产管理暂行办法》，对工业遗产的认定、保护管理、利用发展、监督检查等方面做了进一步规定，我国工业遗产保护与利用迈上了一个新的台阶。

（1）中东铁路旧址

中东铁路又名东省铁路，是清末沙俄修建的一条铁路，根据中俄密约之规定，铁路由华俄道胜银行于清光绪二十三年（1897）承建，途经黑龙江、吉林等省，终点为海参崴，光绪二十九年（1903）通车。抗战期间，苏联将铁路转卖给日本，直至1945年收回，由中、苏共管。1952年中国全部收回中东铁路所有权。

作为中国东北地区铁路工业遗产的代表，中东铁路滨州段在停运后，于2016年改造为铁路主题公园对社会公众开放。在改造过程中，中东铁路公园秉承“轨•迹”的设计理念，以“保护利用、合理转型”作为指导原则，注重铁路工业遗存中历史文物的保护，巧妙地将城市绿地与冰冷的铁路工业遗存相融合，不仅保留了3座桥头遗址和中东铁路商务代办处，还另行设立铁路与城市主题展览馆和中东铁路文化主题展览馆，通过穿插其间的观光步道，将两者有机串联，实现了铁路工业遗存在城市空间中的历史文化转换⑨。同时，随着中东铁路保护研究的深入以及新技术的发展，也有学者提出了AR技术在铁路工业遗存保护与利用中的应用问题，阐述了AR技术在铁路遗产保护中所具有的扩展铁路遗产传播与文创模式、满足用户的信息需求、增加公众认同感、符合铁路遗产保护趋势等优势，同时可以借助AR技术复原铁路遗产原始信息，为制定科学合理的保护方案提供科学新依据。

（2）北京798艺术区

北京798文化创意产业园作为北京工业遗产保护与再利用工作的先驱，在工业遗产如何保护、怎么保护、如何转型利用等方面做了积极尝试，为北京工业遗产保护与利用提供了一种全新的保护模式和理念。798厂原为新中国“一五”期间由前民主德国援建的“北京华北无线电联合器材厂”，简称798联合厂，为新中国的电子工业、通讯工业等方面发展作出过重要贡献。进入21世纪，798厂归入北京七星华电科技集团有限责任公司，因资金重组，部分厂房建筑闲置。此后由于厂区内较好的规划和风格独特的包豪斯建筑等优势因素，大批艺术家和艺术机构来此创业，逐步形成多元文化交融的艺术创意产业园区。

为了更加合理地保护和再利用798厂的工业遗存，市、区两级政府专门成立了北京798艺术区建设管理办公室，制定了科学、合理的保护与规划方案，明确提出在厂房再利用过程中，秉承建筑大框架不变的前提，对建筑内部进行空间分隔与组合，从而创造出适宜的空间环境，798艺术中心即在此理念指导下完成功能转型，保留了建筑拱形天花板搭配倾斜的条形天窗的包豪斯建筑风格及已渐斑驳的红色标语、废弃的仪器设施，使这里形成历史印迹与现代艺术元素的强烈视觉冲击和共鸣，营造出独特空间氛围。

（3）兰坝支线铁路文化公园

兰坝支线是陇海铁路支线，是中华人民共和国成立初期兰考黄河防汛的专用铁路线，毛泽东主席曾先后两次乘专列来此考察。随着防汛功能减弱，兰坝支线逐步废弃，鉴于其重要的历史意义，兰考政府将其改造为铁路景观。

兰坝支线铁路文化公园的设计以时光文化为主题，利用原铁路线串联河务局机关旧址、观景台、火车站等沿线文物景观，共划分为三个相互协调的特色功能区。同时，在改造过程中秉持地域文化传承、场所精神保护、工业遗产保护三大原则，不仅最大限度地留存了诸如火车站、铁轨、月台等铁路设施，同时融入了历史发展中出现的各种文化氛围，达到了历史与现代的有机融合。

二、京张铁路的保护与利用

（一）充分认识文物价值，构建铁路遗产主题景观带

京张铁路作为工业遗产具有历史、文物、旅游、文化传承等四大价值。从历史价值上看，京张铁路是我国自主筹款、自主设计建造的第一条铁路线，是中国近代工业化发展的代表成就之一，对推动中国铁路发展具有重要意义；从文物价值上看，铁路沿线随处可见具有百年历史的老站房、木结构的老雨棚、铁轨、道房、水塔、机车房、铁路桥，是早期的工业文物遗存，代表了这一时期的建筑风格与特色，铁路沿线涵洞的竖井式开凿方式，则代表了当时的科技水平与建造工艺；从旅游价值上看，从古老的北京城到塞外名城张家口，沿途自然和人文景观资源丰富，有著名的关沟十二景、八达岭长城风景区、詹天佑驻石佛寺监工处旧址、具有百余年历史的南口机车车辆机械厂、詹天佑办公室旧址、风景优美的官厅水库、怀来县老城址、始建于元代的鸡鸣驿城古址、京张线废弃的老路基、坝上草原、张家口明代古城址、塞外长城、连通塞内塞外的大小境门等，这些丰富的景观资源所蕴含的旅游价值是活化京张铁路保护形态不可或缺的元素；从文化传承价值上看，京张铁路的开通起到了“交融世界、通达古今”的作用，《京张铁路工程纪略》载：“（铁路）所过大小集镇，均不寂寞，沿途民户亦繁，口外货车更源源不断，此路早成一日，公家即早获一日之利益，商旅亦早享一日之便安，外人亦可早杜一日之觊觎。”时至今日依然是京冀交往的重要通道。

基于上述价值，目前京张铁路（南口至八达岭段）已公布为全国重点文物保护单位，加快推荐铁路全线纳入全国重点文物保护单位，是必要、必须的，这对于打造铁路遗址主题景观带具有十分重要的促进作用。

（二）结合线性遗产特点，实现自然与遗产和谐共生

传统意义上的文物保护，其侧重点在于工业厂房、设备等本体保护，也就是针对有形文物的保护。工业遗产有别于其他不可移动文物，除有形的工业遗产以外，还存在诸如工业技术、工业文化等无形文物，而铁路遗产无论使用与否，线路走向这种无形的工业遗产也应得到关注。京张铁路自建成以来，原铺设路轨多已更换，但一百年来铁路走向始终未曾有大的改变，只是抗战期间因日军延长青龙桥线造成山洪冲毁桥梁，故被迫改线10余公里。这种线路走向上的文物传承，笔者认为应该是京张铁路保护与利用的基础，用线路走向串联铁路遗迹，通过基于历史线路的规划，彰显京张铁路价值所在。

空间地域跨度大是线性遗产的标志性特征。京张铁路作为线性工业遗产，一方面跨区域保护成为常态，另一方面需注重自然环境对遗产景观的影响。京张铁路跨区域保护需要京冀两地联动，建立统一专门的管理保护机构，在文物保护部门的领导下，统一指挥，密切沟通，制定整体性保护与利用方案，最大限度避免各地保护措施差异带来的潜在风险。对于铁路沿线的自然环境需加强保护，铁路线路穿越平原、山脉的不同自然环境，保护周边生态环境对于理解线路选择具有重要意义，同时良好的自然环境，也是打造特色旅游线路的基础，实现自然与遗产和谐共生。

（三）创新保护思路，打造多元化保护模式

线性文化遗产的保护，首先需要厘清文物遗存之间的内在关系，以京张铁路为例，不能将铁路线、车站、厂房、碉堡、附属饭店等文物点视为孤立个体，而是要作为一个整体来研究，车站、厂房等都是保证铁路线正常运转的设施，是一个有机整体；铁路沿线的碉堡则是特殊历史的标志物，在历史发展脉络上也是不可或缺的一环。为了保护好各文物单体之间的内在联系，就需要将整个景观视廊作整体保护，在划定保护范围与建设控制地带时必须充分考虑周边的环境。

其次，线性工业遗产保护需引入公众参与模式。公众参与是目前文物保护领域正在逐步形成的一种文物保护管理模式，长城、大运河等线性文化遗产已有所运用。铁路等线性工业遗产，由于具备线性文化遗产空间区域跨度大的特征，公众参与是必须、必要、必然的，尤其是曾经在这些工业遗产中工作过的社会公众，他们对于工业遗产的认定、工业遗产价值的阐述、工业遗产的保护与利用是有力的参考依据和力量，他们在工业遗产保护、利用、监督等方面可以起到重要作用。

三、结语

铁路遗产作为工业遗产的一类，其保护与利用理论尚处于发展阶段，而且铁路有别于传统意义上的工业遗产，部分铁路仍在使用之中，这就对保护与利用提出了较高的要求。从发展趋势上看，铁路遗产保护已经由传统的博物馆式保护向具有“生命力”的保护模式转变，公众参与对铁路遗产的保护与利用也正在逐步提升，京张铁路的保护与研究工作必将迈上一个全新的台阶。

---

① 聂武刚、孟佳：《工业遗产与法律保护》，人民法院出版社，2009年，第76页。

②③ 国家图书馆古籍馆：《国家图书馆藏京张路工集》，天津古籍出版社，2013年，第11页。

④ 国家图书馆古籍馆：《国家图书馆藏京张路工集》，天津古籍出版社，2013年，第18页。

⑤ 国家图书馆古籍馆：《国家图书馆藏京张路工集》，天津古籍出版社，2013年，第20页。

⑥ 转引自韩冰、杜晓君：《活化京张铁路的保护形态——京张铁路遗址调查纪实》，《首都博物馆丛刊》第22期，2008年。

⑦ 聂武刚、孟佳：《工业遗产与法律保护》，人民法院出版社，2009年，第96页。

⑧ 崔曦：《城市场所功能更新——以纽约高线公园为例》，《北京规划建设》2012年第6期。

⑨ 高雁鹏、杨静：《哈尔滨中东铁路公园使用满意度评价》，《中国城市园林》2018年第5期。

（作者单位：中国人民抗日战争纪念馆）

清内务府总管继禄宅邸及其保护与利用

赵晓娇

老北京的“大宅门”以其多彩的建筑、奢华的生活、传奇的故事为人们所津津乐道。它们是历史环境的足迹，是城市记忆的守护者，也是地域文化传统和风土人情的真实写照，更是故人留下的一笔弥足珍贵的文化遗产。老北京人中有所谓旧京“八大宅门”的说法，包括金鱼胡同那家、秦老胡同增家、沙井胡同奎家、辘轳把胡同齐家、麻花胡同继家、帽儿胡同文家、棉花胡同李家等（最后一家尚无确切说法）。其中，麻花胡同继家指的就是清末内务府总管继禄的住宅。

一、继禄生平

继禄，字子寿（子绶），满族旗人，与其叔巴克坦布，两代为内务府总管大臣。继禄除自光绪二十六年（1900）至宣统三年（1911）九月连续担任内务府大臣之外，还曾担任过正白旗汉军副都统、正白旗满洲副都统、正红旗满洲副都统、正红旗蒙古都统、工部左侍郎、吏部右侍郎、吏部左侍郎、弼德院顾问大臣等重要职务，是清末具有影响的人物之一[①]。

身为内务府总管大臣的继禄，地位显赫，家境殷实。《清稗类钞·豪侈类》曾记载：“京师之富而多豪举者有三项人，内务府人员，吏户两部书吏，各库库丁是也。……而以内务府中人为尤甚。内务府总管大臣继禄，为荣文忠公禄近族，以荣之援，又于李莲英为义子，故内府大权握于一手，积资至数百万。姓好马，闻有名驹，必罗而致之厩下，虽千金不惜。养鸽千余头，种色皆备，日饲粟五斗，有一头贵至百金者。家畜美妾五。其享用拟于王侯，有过之无不及也。”又说：“继禄尝以八千金为花宝琴脱籍，以三千金为翠云脱籍，又以巨金为银福红宝脱籍，费累巨万。然虽多姬侍，犹作冶游，无夕不至勾栏，每夕必费数百金。”[②]光绪皇帝驾崩后，慈禧太后命“世铎、魁斌、那彦图、载泽、那桐、袁世凯、溥良、继禄、增崇恭办丧礼”，可见继禄应是慈禧太后信任的内廷心腹大臣之一。继禄上与李莲英、荣禄等重要人物攀亲交好，下与贵胄伶人声色联谊，可谓八面玲珑、善与人交。

“继禄嗜好甚多，畜马、畜鱼、畜狗、畜蟋蟀，几于无所不有。专供斯役者，约数十人，皆优给薪金，岁需两三万。最尊贵之某老福晋，喜藏精圆真珠。自其子操政权后，凡有请托，以巨珠进，无不有效。京中珠价为之大昂。说者谓该邸近年所藏之珠，价值两百万金。”[③]据说，继禄每年办生日时，均要求手下管事的和仆人们分头到隆福寺、护国寺、白塔寺等各大庙会的鸟市，收买各类鸟雀近千只，到各大菜市场买活鱼数百尾，虾、螺、蚌等水族动物无数，尽数而放[④]。由于富有，继禄对贫困之家舍药、施物也成为经常之事。他所舍的药多系宫中秘方，医疗有奇效。京旗之人因多受其惠，便对继禄产生了种种传说将其神化。

图一　今天的藕芽胡同和德胜门内大街265号

于是，继禄的声名传于京中，争颂继二老爷（继禄行二）神医妙手，乐善济人[⑤]。

二、继禄故邸调查（德内大街265号）

清末以来，麻花胡同继家和秦老胡同增家，以其豪富，王公府邸向其攀亲者众多，而且很多朝廷官宦也是其座上客。晚清"旗下三才子"之一的那桐就曾多次在其日记中提到麻花胡同的继宅，如"初八日，午刻进署办事。申刻到麻花胡同继二、继大奶奶接三，拜客数家，酉刻归"[⑥]。继家宅第房屋高大、众多，甚至院落之间仿宫中"永巷"（清代称"长街"）之制，其奢华讲究可知[⑦]。北京电台原总编辑马仕存先生曾回忆这片院落："这块儿原来非常漂亮，非常美。据说是皇帝采购员住的地方，两边都有假山石，都有喷泉，路很宽。"[⑧]

在历史文献中，有关清末内务府总管继禄宅第的建筑布局、建筑形制等记载相对较少。同时，由于近年来德胜门内住宅区大规模改造工程的实施，该地区原始的胡同肌理和民居建筑受到了一定的破坏。因此，要想确定和挖掘继禄宅第的准确位置及其文化价值，只有通过实地踏查和文献印证得到答案。

2009年1—2月，西城区文物科与文物保护研究所的工作人员曾两次对位于德内大街265号院落内的古代建筑进行过实地调查（图一）。经过初步调查得知，德内大街265号院落现为国家广电总局家属院，所在地区原名为麻花胡同，已于1965年并入藕芽胡同[⑨]。院内现分七区，住户众多，建筑增建、改建现象普遍，使院落原有格局遭到破坏。工作人员按照自西向东、由南至北的顺序，依次对现存的院门、大门、门道、合瓦房等数处建筑实物进行了调查，重点对其中具有特点或保存较好的建筑物进行了拍照登记，并在测绘图中进行了标注。此外，还有不少建筑保留了彩画，柁头多绘博古器物（图二、图三）。在调查过程中，工作人员还发现散

图二　院内建筑上的博古图案

图三　廊下彩画

存在院内的一些古建附属物，如上马石、抱鼓石、石槽、太湖石、荷花墩(原上置金鱼缸)及其他石刻雕饰等（图四、图五）。通过实地调查，工作人员感到该院建筑虽然年代久远、难窥全貌，但从现存建筑物的体量规制、风格特点及附属物的现状看，建筑规格等级较高。

另外，工作人员在《钦定八旗通志》的《旗分志》与《营建志》中发现了关于该处院落所在地域的重要记载："正黄旗满洲、蒙古、汉军三旗自鼓楼向西至新街口大街北口，城根向南至马状元胡同西口，与正红旗接界。满洲官兵自鼓楼大街向西北药王庙南口，至大城根为头参领之十九佐领居址。自北药王庙街南口，向西循至八调湾南口，为二参领之十八佐领居址。自八调湾至德胜门，转南至德胜桥，为三参领之十九佐领居址。自鼓楼、斜街循至银锭桥向西，李广桥至德胜门大街，为四参领之十八佐领居址。自松树街北口至南药王庙，为五参领之十八佐领居址。蒙古官兵自松树街南口向西，至德胜桥转北至宏善寺胡同西口，为右参领之十二佐领居址。自宏善寺胡同西口至德胜桥，为左参领之十二佐领居址。汉军官兵自护国寺街至棉花胡同南口、罗圈胡同西口，为头参领之八佐领居址。自西口连棉花胡同、廊房胡同、草场胡同，为二参领之八佐领居址。自蒋家房东胡同至西口，为三

图四　院内散存的抱鼓石

图五　院内的荷花墩

参领之八佐领居址。自新街口向北至四条胡同东口，为四参领之八佐领居址。自四条胡同东口至城根及铜井，为五参领之八佐领居址。”[⑩]

正黄旗满洲、蒙古、汉军都统衙门初设于石虎胡同。雍正六年（1728）奏准：“将德胜门内帅府楼胡同官房一所，共六十四间，作为三旗都统衙门。七年，又将汉军都统衙门移设于西直门内丁家井官房一所，计三十四间。十三年，奉旨将满洲、蒙古衙房赏给愉恭郡王[⑪]。乾隆元年，移设满洲、蒙古都统衙门于德胜门桥南大街。满洲计房七十一间半，蒙古计房三十间。”[⑫]由此可知，在雍正、乾隆时期，该院所处地域内确曾设立正黄旗都统衙门。此外，根据《乾隆京城全图》中“德胜门内大街北段”部分的附注中标记该院落所在地域内，曾设有正黄旗满洲堆子[⑬]。同时，联想到在该院临近的大石虎胡同甲1号发现的正黄旗蒙古都统衙门旧址，工作人员对德胜门内大街265号院建筑为清代重要的中央衙署——正黄旗满洲都统衙门旧址存在的可能性进行了初步推测。

但是，初步结论所参考的主要文献——《乾隆京城全图》绘成于乾隆十五年（1750），《钦定八旗通志》成书于嘉庆年间，反映情况的年代久远、难以全面。由此，工作人员通过查阅《日下旧闻考·官署》《宸垣识略·内城三》《嘉庆一统志·京师四》《畿辅通志·帝制纪·京师一》《光绪顺天府志·京师志七·衙署》《京师五城坊巷胡同集·京师坊巷志稿》[⑭]等其他文献资料，获知原先位于德内大街的正黄旗满洲、蒙古、汉军各都统衙门曾经历数次变动：

1. 雍正元年（1723），满蒙汉三旗都统衙门初设地址均在石虎胡同。

2. 雍正六年（1728），满蒙汉三旗都统衙门同址，迁至德胜门内大街帅府楼胡同（官房一所，64间）。

3. 乾隆元年（1736），满洲、蒙古都统衙门同址，迁至德胜桥南大街（满洲官房71间半、蒙古官房30间）。

4. 乾隆年间（1736—1795），蒙古都统衙门回迁至德胜门大街石虎胡同。

5. 光绪中期至宣统间（1875—1911），汉军都统衙门迁至半壁街29号。

由此可知，该地域范围内除已经发现的正黄旗蒙古都统衙门（迁出又迁回）之外，正黄旗满洲与汉军都统衙门均已从德内大街265号所在的地域范围内迁出，使之前的推论合理性大为降低。同时，该院落在相当长的时期内客观存在着建筑增减变动或改为他用的可能，这样更增加了确认工作的难度。

为进一步对院落建筑的历史原貌与性质进行认定，工作人员邀请北京史地相关专家于2010年2月再次对院落进行了调查。最后取得了一致的结论，基本判定该院为清末满族大臣继禄的宅邸。依据主要有以下四个方面：

1. 雍正元年，正黄旗满洲、蒙古、汉军都统衙门在石虎胡同设立，雍正六年（1728）迁至德胜门内大街帅府楼胡同。雍正十三年（1735），将满洲、蒙古衙房赏给愉恭郡王。乾隆元年，移设满洲、蒙古都统衙门于德胜门桥南大街，文献记载已有明证。此外，《钦定八旗通志》中的帅府楼胡同应为“定府楼”胡同，即今定阜街一带[⑮]。经文献及实物推测，正黄旗满洲、蒙古汉军都统衙门旧址就在今庆王府的位置。

2. 正黄旗满洲都统衙门原在德胜门大街39号（民国时期街道门牌号）。依据上述《钦定八旗通志》的相关记载并结合民国时期街道排号的特点，判定正黄旗满洲都统衙门旧址应在今德胜桥南路西的位置，建筑现已无存[⑯]。

3. 该院落的大门与新文化街、北竹竿胡同的都统衙门大门的形制不同。根据对现存古建筑及附属物的考察，基本符合清代官宦宅邸的形制。据1956年起就在此生活的住户称，该院据传早先为清朝高官的宅邸，并指出自家房前西南处原建有垂花门，直至1976年地震后倾斜才拆除盖房。

4. 院落历史存在将“继”误传为“纪”与附会名人的可能性[17]。根据对居民武玉贵老人（现年83岁）的访问结果，也为该院曾是继家私宅的结论提供了旁证。老人称此院房产权为纪昀后人“纪三爷”所有，纪家在民国年间开办洋桌椅店，还曾在杏花天附近开办银行，自己年幼时就在纪家学徒。日伪时期，此院曾一度被占用，直至抗战胜利后归还，1949年后纪家放弃房产。院内原有花园、书房等建筑，于1958年被拆除。

三、继禄故居的保护与开发

（一）充分认识继禄宅第的文化价值

近年来，北京的城镇化步伐加快，城市建设与旧城改造也加速展开。而这些即将随着大规模改造而消逝或幸存下来的一屋一房、一砖一瓦往往记录着某些历史信息。在此过程中，人们对这些历史痕迹中有特色的老环境，更易于留恋和产生归属感、认同感。因此，在对目前处境危殆的名人故居和旧居这一类文化资源的保护与开发这一问题上，我们要充分认识到保护的重要性，不能破坏历史延续的原有风貌和历史文化的丰富性。位于西城区德胜门内大街265号的清末内务府官员继禄的宅第也属于此类文化资源，承载着丰富的历史文化内涵。

首先，该院落是清末内务府总管大臣继禄的宅第，院内建筑规模宏大，建筑形制等级较高。同时，关于继家的传说轶事，坊间流传颇多。

其次，此宅第曾举行过多次堂会演出，继禄经常邀约旧日同僚好友在这里自娱自乐。每年正月二十八日为继禄夫人的诞辰，必办堂会，邀请几台不同的艺术形式同时演出。“堂会戏分成三院，一院演‘阳春白雪’的昆曲剧目，一院上演雅俗共赏的京剧剧目，三院演下里巴人的什样杂耍节目，任来宾随意观赏。”[18]同治到光绪初年十余年间，《战长沙》无一人演唱，后经著名京剧演员谭鑫培始创演之，鑫培初次演此，系在麻花胡同继宅[19]。不仅如此，谭鑫培还经常参加继宅的堂会演出，1902年7月10日（光绪二十八年六月初六日），谭鑫培就在这里演出了《定军山》，并与罗百岁演出《问樵闹府》[20]。清末武生杨小楼也曾在麻花胡同继家唱堂会，演出了《八大锤》《晋阳宫》两出冷门戏，主人为表谢意，曾把家传上赏的鼻烟壶送给他[21]。1915年，“继家票房”成立于此宅院内。创办人荣稚峰，主持人唐仲三、工旦行，每逢三、六、九日活动。参加者有“明娃娃”裴云亭、王福山（王长林之子）、姜鑫坪，“碧萝馆主”尚逊之、萧婉秋、陈月山、溥华峰、李质轩、秦渔村、王文源等。1926年冬停止活动[22]。继禄的后人继文屏还曾在此创办“乐雅和韵社”，这个票房搭有席棚、戏台，可以彩唱。继文屏工武生，练功学艺极为刻苦，《金钱豹》为其杰作。该社的演员有丑角金鹤年、王华甫、李庆山、小生铁麒甫、老生王文源、花旦王云卿等，具有一定的社会知名度[23]。因两个票房的存在时间大致相同，参与人员也多有重复，故有可能为同一票房，此处存疑待考。在20世纪20年代前后曾多次与梅兰芳等著名演员合作演出《四郎探母》的卧云居士出身于满族皇室家庭，民国后改姓赵。他青年时期喜欢京剧，经常去麻花胡同继家票房和地安门外南月芽胡同票房参加彩唱[24]。

此外，此院落又与中国广播事业的发展息息相关。继禄宅第所在的胡同原叫麻花胡同，1927年北京广播电台诞生，发射塔就设立在这里。在日伪政权统治时期，日军取缔了北平所有的官办及民办的广播电台，把这些电台的广播发射机集中在这所院子里，重新改装成500瓦、300瓦和100瓦广播发射机各一台，作为侵华战争的舆论工具[25]，因此这座电台又叫“麻花电台”（电台铁塔水泥底座现存）。日本战败之后，电台被国民党政府接管，改名为“北平广播电台”。1949年3月此院落被中央广播事业局接收，后成为北京市人民广播电台的发射机房之一。曾任北京电台原副总编辑的马仕存先生曾回忆说：“（这里）整个房子大概有5间，160平米左右。里头摆的都是设备，机器坐西朝东，最西边还有两间房子。就是精工车间，维修机器的人的房间。在这些房子前面还有两排平房，一个是工作人员的办公室，一个是仓库。旁边有一个发射塔，那个发射塔80多米高。”[26]中华人民共和国成立之初，这里是中国广播事业管理处的宿舍，著名爱国人士何香凝、廖承志、翻译家梅益[27]、作为晋察冀电台最早的女播音员并向全世界直播开国大典的丁一岚等人都曾住在这里。1966年4月12日，周恩来总理还亲自视察了麻花胡同的这处发射台，并对电台的工作作过多次重要指示[28]。后来，侯宝林、李连杰等名人也曾在这里留下他们的生活印记。1970年9月25号，麻花电台发射的最后一套节目——中波1350千赫由新建的发射台开始发射，麻花电台成为了备用电台，后来成为了广电职工的宿舍[29]。

由此可知，德胜门内大街265号院具有较高的历史、社会和文化价值，保护此处院落的重要性不言而喻，应制定相应的保护规划，进一步保护这一重要的文化资源，发挥其人文价值。

（二）对继禄宅第的文化资源进行保护和开发

目前，此院落依然为“大杂院”性质，院内私搭乱建导致通道狭窄，群租人口众多，很多历史遗迹消失殆尽，令人遗憾。此院落亟待进行房屋整体的升级改造，在消除消防隐患的同时，做好院落历史文化资源的保护、开发和利用工作。如何做好开发利用，国内有许多成功的经验，也有失败的教训。对于名人故居类文化资源的开发，需要进行精心提炼、概括和浓缩，也需要寻找恰当的依托和表现形式。同时必须注意避免雷同问题，充分挖掘文化资源的独特性和唯一性。因此，笔者认为要保护和利用好继禄宅第，应从以下几个方面着手。

1. 对继禄宅第进行选择性保护

对继禄宅第的保护需要在现有正确理论指导下大胆创新，依据现有条件最大限度地保护与利用此处文化资源，让其发挥教育功能、价值引导功能及文化审美等功能。首先要提高公众的文物保护意识，尤其要对此院落所在社区的居民详细讲明它的历史沿革并进行文物保护的科普教育宣传，让住户意识到自己所居住和生活的家园是有着丰富历史文化内涵和文化价值的院落，进而深化居民的主人公意识，提高居民的文化保护素养，培养居民的地域文化自豪感。其次，由政府主导对此处院落及其周边环境进行综合整治，加大绿化面积，完善配套的生活基础设施建设，并通过以旧修旧的方式恢复部分建筑遗存。最后要鼓励相关研究学者参与到研究保护方式的过程中来，开展相关学术研究和文化宣传，以形成正确的理论导向。

2. 对继禄宅第进行保护性开发

继禄宅第自中华人民共和国成立以来一直作为居民的普通住宅被长期利用，没有得到相应的保护和宣传，这里的居民对其历史沿革也缺乏了解。因此，对此院落进行保护性开发，必须遵循原真性原则，加强宣传，提高继禄宅第的知名度。可以通过新闻媒体、文艺创作、网络等多种渠道，以新闻报道、文学影视作品、纪念画册、举行纪念活动、张贴宣传品等手段，介绍历史上在此居住者的生平、事迹和种种轶事，从而引起社会的广泛关注。

鉴于此处院落目前为多个家庭群居的大杂院，应征得居民的同意，在不影响其正常生活的情况下，在此地开辟一处小型的社区文化博物馆，并兼有群众活动中心的性质。此中心结合院落文化资源的三大特色，可以在以下几项展示活动中宣传该院的文化价值，加强群众参与，扩大文化传承：

（1）清末内务府官员日常生活展览

这处宅第建筑等级较高，内部装饰豪华，依旧保留着历史的原味和古朴的气息。在保护和开发中要对继禄其人其事进行深入搜集整理，挖掘出能侧面体现清末京城内务府官员们居住环境和生活状态的历史资料，进行一定范围的复原性陈列。

（2）清末民初的北京“票房”文化展览

民国初期，继禄后人曾设立京剧票房，很多京剧名伶轮番登场，精彩非凡，这里遂成为京城著名的票房之一，也在中国尤其是北京的戏剧发展史画上了浓重一笔。针对此历史信息，可大力发掘参与此处“票房”和北京其他著名“票房”活动的演员资料、京剧戏单、京剧表演行头和服饰，播放和展示有关京剧历史源流的视频和图片，进行旧京戏曲文化发展的内容陈列。

（3）中国近代广播事业发展展览

这座院落见证了我国广播事业的从零到有，从殖民占有到独立自主，同时，众多文体领域的名人也都曾在这里居住，这里记录着他们的生活和工作状态。因此，可利用这一宝贵的文化资源，通过院中现有遗迹（电台铁塔水泥底座）的利用、文史资料的支撑、生活实物的展示，进行中国广播事业发展的宣教陈列。

在展览的过程中，可与该院落所在的街道和社区文化机构加强合作，鼓励利用继禄宅第的文化中心功能举办各种与此处院落历史有关的、居民喜闻乐见的群众性文化活动，如戏曲文化介绍和表演、介绍院落历史沿革的文化讲座、以此处院落为主题的摄影征文比赛等。条件成熟时，可以扩大活动的主题和内容，如举办什刹海地区历史文化沙龙、京剧与越剧的交流表演、现代广播节目的模拟体验。通过还原历史情境，进一步突出此院落的文化内涵，营造出浓厚的文化氛围，陶冶民众的情操，形成文化聚集效应，增强文化活动的现场感、沉浸感和参与感，并吸引更多的本地市民和外地游客到这里参观，掀起民众关注、参与和体验社区文化的热潮。

（三）做好继禄宅邸周边地区的保护和开发

继禄宅邸位于什刹海历史文化保护区内，做好此院落的保护和开发工作，首先要完善什刹海历史文化保护区的规划措施。其次是加大对该区域文化资源的统筹分类和保护开发，使继禄宅第成为什刹海地区内又一处具有文化价值的居住地、传统文化的展示基地和爱国主义的教育基地。最后是适时发展社会教育和旅游，获取一定的社会效益和经济效益。继禄宅第的保护和开发需要大量的资金，而单纯靠政府的拨款是十分有限的。所以，我们要以保护为目的，对这一文化资源进行综合利用，引入文化旅游的形式，通过投资来促进保护，而居住者也由于参与这些文化资源的保护和开发而获得一定的经济补偿。

成功的历史文化资源的开发不仅讲求对其进行整体保护，更注重文化资源的历史延续性及它与周围环境的和谐组合。因此，对继禄宅邸的保护与开发不是独立的，而是延续的、整体的建设工程，并把眼光放在更远、更大的时空中，对其的保护和开发要拓展到以历史文化资源为竞争力的街区——什刹海地区的整体保护中。将继禄宅第与什刹海风景区联系起来，融合自然与人文因素，使二者相得益彰，互相辉映。同时，与什刹海地区现存的其他历史文化资源如名人故居、寺庙遗迹、旧式店铺等进行有效地补充与融合，改变单一文化场所的单调和乏味，拓展和扩容此地区的历史文化资源体系，将什刹海地区建设成为一个集“地域+传统+记忆+居民”为一体的开放式博物馆。

四、结语

名人故居类的文化资源是城市文化的

重要载体，是不可再造的珍贵文化资源，既可以给我们提供深远丰厚的历史记忆，也势必为城市发展提供源源不竭的文化动力。德内大街265号的继禄宅第从诞生时的辉煌到衰落时的平凡，从享誉京城到不为人知，从沦落为大杂院到再次掀开它的神秘面纱，它承载着时间的变迁，见证着居住者的轮替，也诉说着一段鲜为人知的历史。

对继禄宅第进行选择性保护与保护性开发，既能有效地保护好这一具有丰富内涵的文化资源，又能吸引更多的民众参与到文化资源的保护和研究上来，更是什刹海地区文化旅游品牌建设的重要内容，也是历史赋予我们加强古都文化建设的重要使命。如何把继禄宅第这一历史文化资源的保护与开发工作做好，如何进一步优化什刹海地区历史文化资源的质量和数量，如何发现和收集更多的具有文化内涵的旧居宅第，这些问题需要我们在今后的实际工作中不断学习和借鉴，并为北京历史文化资源的保护和开发做出更大贡献。

---

① 祁美琴：《清代内务府》附表《北京总管内务府大臣名单》，中国人民大学出版社，1998年，第301页。

②（清）徐珂：《清稗类钞》第24册豪侈类（继禄享用拟王侯、继禄为妓脱籍），商务印书馆，1928年，第43—44页。

③ 苏曼殊等著，马玉山点校：《民权素笔记荟萃》，山西古籍出版社，1997年，第138页。

④ 常人春：《老北京的风俗》，北京燕山出版社，1990年，第227页。

⑤⑦ 金启孮：《金启孮谈北京的满族》，中华书局，2009年，第104页。

⑥ 北京市档案馆编：《那桐日记》（上册），新华出版社，2006年，第101页。

⑧ 北京人民广播电台编：《曾经：纪念北京人民广播电台建台60周年（下）》，中国广播电视出版社，2009年，第65页。

⑨ 段柄仁主编：《北京胡同志》（上册），北京出版社，2007年，第333页。

⑩ 李洵、赵德贵、周毓方等校点：《钦定八旗通志》卷30《旗分志三十》，吉林文史出版社，2002年，第520页。

⑪ 康熙帝第十五子允禑的第三子弘庆。

⑫⑮ 李洵、赵德贵、周毓方等校点：《钦定八旗通志》卷112《营建志一》，吉林文史出版社，2002年，第1944页。

⑬ 堆子，即满语“juce”，汉译为旗兵值班处所，参见安双成：《汉满大词典》，辽宁民族出版社，2007年，第235页。

⑭（清）于敏中等编：《日下旧闻考·官署》，北京古籍出版社，1983年；（清）吴长元：《宸垣识略·内城三》，北京古籍出版社，1983年；（清）穆彰阿等纂：《嘉庆一统志·京师四》，上海书店，1984年；（清）李鸿章等修：《畿辅通志·帝制纪·京师一》，河北人民出版社，1989年；（清）周家楣、缪荃孙等编：《光绪顺天府志·京师志七·衙署》，北京古籍出版社，1987年；（明）张爵、（清）朱一新：《京师五城坊巷胡同集·京师坊巷志稿》，北京古籍出版社，1982年。

⑯ 郗志群：《京师八旗都统衙门建置沿革及遗址考察》，《满学研究》第七辑，民族出版社，2002年，第149页。

⑰ “继禄”为满族名，满族风俗称名不举姓。民国之后，满族人中有以上辈人名字字首为姓者。

⑱ 傅耕野：《堂会戏》，载《京剧谈往录续编》，北京出版社，1988年，第525页。

⑲ 齐如山：《京剧之变迁》，辽宁教育出版社，2008年，第34页。

⑳ 王芷章：《中国京剧编年史》（下册），中国戏剧出版社，2003年，第753页。

㉑ 明炉、雪娃：《中国烟文化史稿》，中国青年出版社，2003年，第194页。

㉒ 刘嵩昆：《梨园轶闻》，北京燕山出版社，1998年，第336页。

㉓ 娄悦：《旧京老戏单：从宣统到民国》(旧京遗珍画卷)，中国文联出版社，2002年，第52页。

㉔ 金耀章主编：《中国京剧史图录》，河北教育出版社，1994年，第173页。

㉕ 中国广播电视协会：《中广学会2004年度立项课题成果汇编》，2006年，中国广播电视出版社，

第483页。

㉖ 北京人民广播电台编：《曾经：纪念北京人民广播电台建台60周年（下）》，中国广播电视出版社，2009年，第65页。

㉗ 西城区政协文史资料委员会编：《京城什刹海》，中国文史出版社，2001年，第188页。

㉘ 当代北京史研究会、当代中国的北京编辑部：《北京五十年纪实》，同心出版社，1999年，第327页。

㉙ 北京人民广播电台编：《曾经：纪念北京人民广播电台建台60周年（下）》，中国广播电视出版社，2009年，第65页。

（作者单位：中国农业博物馆）

通州三座城址的考古、保护与利用

北京市文物研究所

通州地处北京市东南部，是北京地区文化遗产较为丰富、文化底蕴较为深厚、文化特色较为突出的区域。近两年来，随着北京城市副中心规划和建设的实施与开展，通州的功能、作用日益凸显。作为北京城市副中心的所在地，通州的规划有着明确的定位和标准，其中一项即为打造“古今同辉的人文城市”。实现这一目标的重要措施就是“一线四区”的建设。“四区”指的是路县故城遗址片区、通州古城片区、张家湾古城片区和漷县古城片区。这四个片区均是以古代城址为核心，其中的三座城址——路县故城、通州古城和张家湾古城，既是近两年来考古工作的重点对象，也是文物保护的重点对象，还是未来利用的重要对象。因此，总结已有的考古收获、凿实当前的保护工作和制定未来的利用规划非常重要，直接关系到通州文脉的传承和文化的延续。

一、考古的收获

路县故城、通州古城和张家湾古城在近年来都开展了一定程度的考古工作，为了解和认识城址的基本状况提供了重要而可靠的资料，并为保护和利用奠定了良好的基础。

（一）路县故城城址

汉代路县故城城址位于通州区的北部，是迄今所知通州区最早的古代城址，是通州区历史和文化的“根与魂”[①]。西汉的“路”和东汉的“潞”，作为两汉时期县一级行政区划的设置，在文献之中有较为明确的记载，《汉书·地理志》记载：“渔阳郡……县十二：……路，莽曰通路亭。”[②]《后汉书·郡国志》中“渔阳郡”条下记载有“潞”[③]。关于“路”和“潞”城的所在或地望，文献之中也有迹可循，《水经注疏·沽河》载：“沽水又南迳潞县。”《水经注疏·鲍邱水》载：“（鲍邱水）又南过潞县西。”[④]而对于“路”和“潞”城城址的规模与形制，文献之中则基本不见。

2016年7月以来，经过全面勘查、大范围考古钻探和重点发掘，初步了解和掌握了路县故城城址的范围、形制、构成、始建年代和废弃年代等情况。该城址平面基本呈方形，城墙边长550～600米，面积约35万平方米。城墙均埋藏于地下，整体保存状况较好，残存高度为2.1～2.3米，顶部宽约15～17米，底部宽约19～23米。城墙夯筑而成，顺序为先中部、后两侧。城墙中部夯土中普遍夹杂大量的植物秆茎，两侧夯土中多夹杂料礓石。城墙外23～25米处有城壕环绕，城壕上部开口的宽度约20米。在城址内的北部发掘了一处道路遗迹，发现一条明清时期道路和一条辽金时期道路叠压于汉代道路遗迹之上，证明该城址沿用时间很长。在城址外的西南部发掘清理出汉代房址30座、道路13条、陶窑2座、灰坑886座、沟渠56条、瓮棺36座、水井111口，以及北朝墓葬4座、辽金时期墓葬12座，遗迹丰富，类型多样。这一发掘区呈东北至西南走向，东端距离城址的西城墙约70米，西端距离西城墙约200米，遗迹的主体构成是汉代房址、水井、窑址和道路，这证明了近郭区域为当时的生产、生活区。

（二）通州古城城址

通州古城位于通州区的西北部，其城墙的范围，东北以滨河北路为界，东以故城东路为界，南部东段以西顺城街为界，南部西段以玉带河西街为界，北部西段以新华东街为界，西以通惠南路为界。根据文献中较为明确的记载，通州古城建于明朝初年。洪武元年(1368)闰七月，明军攻克通州，命燕山忠愍侯孙兴祖督军士修通州城。城设四门且具有楼，"周围九里十三步"，城高(包括女墙)约10.7米。正统十四年(1449)，蒙古瓦剌部首领也先在土木堡大败明军后，进而入侵北京并袭扰京畿周边。为保护大运西仓，驻扎通州的总督粮储太监李德、镇守都指挥陈信"奏建新城以护之"，通州新城南、西、北三面系新筑城墙，"高三丈二尺，周围八里，连接旧城"，东城墙利用旧城西城墙的南半段，新城设二城门：一曰南门，一曰西门。因时间仓促，故城墙卑薄，"高止丈余，不及旧城之半"。之后，新城有过多次的增修。清乾隆三十年(1765)，通州旧城与新城之间的城墙被拆除，"奉旨，旧城西门应行拆去，新旧合而为一"，此次拆除旧城西面城墙一百八十二丈，"所有里皮城垣全行改砌砖墙，外皮黏补"。从通州古城的历史来看，可知其从明到清经历了一个由小变大的过程，其空间分布与范围逐步扩大，直至乾隆三十年之后基本定型。从空间分布来看，通州古城中的旧城先建，偏于东北，平面呈"船形"；通州古城中的新城后修，偏于西南，新、旧两城平面呈"北斗形"；最后，新、旧二城相连贯通，合二为一⑤。

通州古城经历了明清时期的发展和建设，设施完备，功能齐全。不过，现在通州古城及其内部的各种建筑等在地表已基本无存。北京市文物研究所对其进行过局部考古勘探、发掘和全面的实地踏查。根据其历史和现状，可将通州古城的历史文化遗存主要分为三大类别：一是城墙、城门及相关附属建筑；一是城内及周边的各种建筑和建筑群；一是以大运河遗址为主体的河道、道路、闸坝等交通、水利设施遗迹、遗存。位于燃灯舍利塔外北部的城墙（北城墙东段）尚有部分残存，规模不大。城墙的东北转角——敌楼基础遗存已经过考古发掘，目前位于富华水乡小区的楼座之中。东城墙的北段和东城门已经过考古发掘，城墙保存于地下，城门遗迹已整体搬迁。其余的城墙和城门均埋藏于地下，保存状况并不清楚。城址内的衙署、贡院、钟鼓楼、街区院落等现已基本无存，而通州古城中非常具有代表性的大运中仓、西仓现在均为占用，有待今后进行考古工作。土坝、石坝、通济桥、通流闸、葫芦头通惠河遗址等，也只能在条件具备的情况下再开展考古工作，以便了解其埋藏状况。

（三）张家湾古城城址

张家湾古城位于通州区的东南部，东为玉带河（通惠河故道），南有萧太后运粮河从通运桥下流过，西临张采路，北为太玉园东区。"张家湾在通州城南，即白河下流。相传元时有万户张姓者居此，因名。"⑥潞河(北运河)、凉水河、萧太后运浪河、通惠河四水在这里汇合，因此张家湾自古以来就是一处非常重要的水陆码头和交通要道。"张家湾为潞河下流，南北水陆要会也。自潞河南至长店四十里，水势环曲，官船客舫，漕运舟航，骈集于此。弦唱相闻，最称繁盛。"⑦明嘉靖三十一年(1552)五月，张家湾城修建完工。张家湾古城的城垣"周九百五丈有奇，厚一丈一尺，高视厚加一丈，内外皆甃以砖。东南滨潞河，西北环以据。为门四，各冠以楼，又为便门一，水关三，而城之制悉备"。⑧可以说，张家湾古城是明清时期京杭大运河北京段的一处重要节点。

为了解张家湾古城城址的基本形制与埋藏、保存状况，北京市文物研究所组织考古人员对该城址的南城门、南城墙、东城墙等进行了考古勘探、发掘，并对该城址及周围进行了全面踏查。

1. 考古勘探

在张家湾古城城址的东南部进行了考古勘探。勘探区域东西长40～396米，南北宽5～240米，总面积为20800平方米。地层堆积简单，现代渣土堆积下即为城墙遗迹，发现并确定了东城墙南段遗迹和南城墙西段遗迹。

东城墙南段遗迹开口于现地表1.8米下，夯筑而成，厚1米，共分十层，每层厚均为0.1米。该段城墙东西宽5米，中部夯土之上残留南北长40米、东西宽2米的青砖基础，青砖规格大小不一。该段城墙遗迹保存状况较差，夯土并不坚硬。南城墙西段遗迹开口于现地表0.5米下，夯筑而成，厚1.7米，共分十七层，每层厚均为0.1米。该段城墙遗迹保存状况较好，夯土坚硬。夯土之下即为生土。

2. 考古发掘

对张家湾古城的南城门遗址进行了考古发掘，发掘面积150平方米。南城门遗迹东西宽13米，南北进深7.8米。东侧门墩残高1.2米。城墙内侧门墩破坏十分严重，外层条石已无，只剩下内部青砖白灰基础，青砖的规格为：长0.47米、宽0.24米、厚0.13米。西部门墩上部已被破坏，只剩一层边石和基础。门墩北部被配电室破坏。门道位于城门中央，长7.8米，前端宽4米，后端宽4.8米，位于门洞2.4米处设置有城门。

3. 考古调查

以现存的张家湾古城南门、通运桥为起点和基点，对张家湾古城遗迹及其周围区域进行了全面踏勘。与此同时，对城门、城墙、通运桥等进行了全面测绘。

南城门为在原址之上重新修建而成，底部东西长13.17米，南北宽7.84米。南城门的东西两侧在地表之上均有残存的城墙，为青砖砌筑而成。南城墙西段残存长度约为260米，残存高度约1～2.8米。该段城墙上局部种植有树木，内侧为后期回填土。该段城墙仍旧保存着旧貌，少量城砖上仍旧可以看到戳印文字和款识。南城墙西段的西端已经被破坏，地表之上不见墙体遗存。根据所存城墙的走向和形制，推断这一段城墙不会为正东西走向。因此，其具体的走向、形制和地下保存状况，只能通过考古勘探或发掘得以确认。南城墙东段残存长度约为120米，经过了后期重修。其余的城墙在地表已不见遗存，被现代回填土、厂房、住宅楼等占压，仅凭调查无法确定具体范围、走向和保存状况。

为了解城址内部的地层堆积状况，在南城墙西段的北部进行了初步考古勘探。依南北方向布设三排探孔，探孔南北间隔4米。其中仅有东排南部的一个探孔探到了生土。根据该探孔的情况，初步了解了地层堆积。地层堆积大体可以分为4层。第①层：现代回填土，黑色，距地表深0.5米，夹杂植物根系、现代砖块等。第②层：近现代土层，黑灰色，厚1.2米，有青花瓷片、砖块等。第③层：沙土层，黄色，厚0.45米，较纯净，没有包含物。第④层：灰土层，厚0.45米，包含有青花瓷片、砖块等，推断为清代层。第④层下为踩踏面，厚0.1米，未见包含物，推断为明代道路遗迹。踩踏面之下是原生土，为一层沙、一层胶泥。这个探孔距离南城墙西段较近，因此这个探孔的地层堆积只能代表城墙内的西南部区域。

二、保护的开展

结合上述考古工作，根据财政部、国家文物局联合发布的《大遗址保护专项经费管理办法》中“大遗址”的界定，“主要包括反映中国古代历史各个发展阶段涉及政治、宗教、军事、科技、工业、农业、建筑、交通、水利等方面历史文化信息，具有规模宏大、价值重大、影响深远特点的大型聚落、城址、宫室、陵寝墓葬等遗址、遗址群及文化景观”，完全可以认为通州区这三座古代城址是三处非常重要的大遗址。因此，城址的保护应从大遗址保护的角度和理念出发，并且遵循大遗址保护的规则与要求。

（一）综合保护

综合保护是指不仅要保护城址的城墙、城门和城内的各种遗迹，还应该保护与城址相关的周围的其他古代遗迹，“不能只看到有限的几个重要遗址或遗迹，而漠视与之密切相关联的其他遗址或遗迹，无视大遗址的空间格局”⑨。此外，综合保护也应该包括遗址范围内所能观测到的山川、植被、地形等有形物体，乃至遗址氛围——空间视觉效果、置身其中的心灵感受、当地民众固有原生的生产生活状态等内在的神韵。这种综合保护，根本上还是由大遗址的性质决定的，因为大遗址自身就是一个多种遗迹的复合体。

路县故城城址发现并确认后，其价值得到了诸多专家的认可，经北京市文物局的多方沟通，北京市委、市政府给予了大力支持，于2017年初明确批示，路县故城城址整体原址保护，建遗址公园，并配套建设博物馆和考古工作站。这一决定和这种保护力度在北京大遗址保护之中可以说是空前的。并且，此次的整体原址保护不是仅以城墙为界限，还保护了城址周围的区域——与城址密切相连的汉代生产、生活区，可以说是最大限度地保护了路县故城遗址，这对于今后的考古、研究、展示、利用等意义重大。此外，有鉴于路县故城城址的文物价值，2017年该城址被公布为通州区文物保护单位。

通州古城城址的保护比较薄弱，城墙仅有北部一段尚保留于地表之上，城门遗迹或已无存，或深埋于地下，城内的主要布局和主体框架已被改变，以往的街巷、水系、道路等皆已不见。因此，通州古城城址应基于现状，尽快加强保护，减少建设项目。2016年6月，通州城遗址群被公布为北京市第五批地下文物埋藏区，位于通州区新华街道、中仓街道、北苑街道，占地面积380.3公顷。东界为东关大道、故城东路，南界为玉带河东街、玉带河西街，西界为通惠南路，北界为通惠河南河堤，这意味着在此区域内若有动土施工，必须要先期进行考古工作，非常及时地加大了该城址范围内地下文物的保护力度。

张家湾古城城址，其城墙遗迹与通运桥于1995年被公布为北京市第五批文物保护单位。从目前现状来看，只有南城墙和南城门尚存于地表，其他三面城墙和其余城门均被现代道路、房屋等占压。城址内部的北半部被太玉园东区占压，而南半部均为回填的渣土。城址外南部的通运桥已被保护，而东部尚有两座桥梁遗迹——虹桥和东门桥亟待开展工作。因此，对于张家湾古城城址的保护，也应在保持现状的基础上扩大保护的内容和空间，将城址内的南部、城址外东部的桥梁遗迹和城址外南部和东部的村落纳入其中。

（二）规划先行

“规划先行”是大遗址保护的主导原则之一。随着“大遗址”概念的提出和实践的推进，《全国重点文物保护单位保护规划编制审批办法》《全国重点文物保护单位保护规划编制要求》和《大遗址保护规划规范》等技术文件、标准要求相继出台，成为大遗址规划编制的重要支撑。保护规划的编制，可以使大遗址得到长远、有效、合理、全面的保护。目前，路县故城城址的保护规划正在编制之中，且与北京市文物局、北京市文物研究所经过了多次协商与沟通，规划的范围等也已经基本稳定。而通州古城和张家湾古城城址的保护规划相对滞后，尤其是前者，迫切需要将保护规划的编制提上日程。

大遗址保护规划应从实际出发，根据大遗址的不同类型、不同情况有不同的保护理念和要求，应在保护其真实性、完整性的前提下，用不同的层次、不同的标准、不同的背景要求编制具有可操作性的保护规划⑩。路县故城城址是以两汉时期遗迹为主体的大遗址，属于“软遗址”，整体埋藏于地下，且基本上不存在建筑物占压的情况。因此，该城址的保护规划应以突出汉代城址的形态、内涵和考古工作的方式、操作为重点。而通州古城城址和张家湾古城城址均是以明清时期的遗存为主体的大遗址，属于“硬遗址”，少量遗存仍在地表之上，大部分埋藏于地下，且现代建筑物占压情况较为严重。因此，这两座城址的保护规划应以少建设、多恢复、强标识为重点。

此外，还有一点需要尤其注意和明确，大遗址保护规划一经批准，应具有法律效力并应严格依照执行和落实。从目前和未来的环境来看，这三座城址已处于或者即将处于城市化很深的区域内，不可避免地面临着城市进一步发展而带来的种种压力。这就必须要坚持保护规划中的内容与要求，保证遗址不被破坏、保护空间不被挤压、文物工作不被中断且周边环境与遗址相协调。

（三）**合理考古**

考古是大遗址保护的基础，也是大遗址保护的重要方式和手段。通过正式的考古勘探和发掘，可以掌握大遗址的具体范围、内容、组成、埋藏状况等基本情况，使保护的对象更加明确、保护的范围更加具体、保护的方式更加有效。同时，当大遗址的考古工作开展后，除了要有计划地开展考古工作，还要及时、适时地不断进行总结与研究，从而为保护提供更加可靠、翔实的资料。张忠培先生曾明确指出：“考古工作是制定大遗址保护规划的前提，是大遗址保护和保护规划的基础工作。”[11]关于这三座城址的考古，应该包含以下几个方面：以往的考古资料加快整理，尽快公布；相关的考古研究进一步加强，认识进一步加深；全面的考古勘探及时开展，从而可以在相对较短的时间内对城址地下文物埋藏情况有整体的掌握；重点考古发掘应合理、持续、有计划地开展；科技考古的运用，比如遥感考古、农业考古、动物考古、植物考古等。总之，考古工作越全面、越深入、越精细，对大遗址保护的针对性就越强，对保护规划的编制就越有利。

考古工作是大遗址保护、保护规划中的重要内容和组成部分，亲身参与考古的考古工作者也应是大遗址保护、保护规划编制的重要组成人员。对此，杜金鹏先生做了专门探讨和论述，认为在当前制定遗址保护规划工作中，考古学家参与不深，严重降低了遗址保护规划的科学性、可行性。进而希望有关部门修订现行制度，吸收、鼓励考古机构和考古学家参与遗址保护规划编制工作。[12]只有这样，考古的已有成果、最新认识和发展方向等才能充分地融合到相关的保护和规划编制之中。

三、利用的规划

保护大遗址的关键是处理好保护与利用之间的关系，也就是在以保护为根本的前提下实现合理利用，并以利用促进保护。经过多年的探索与实践，从我国文化遗产保护的实际出发，遗址公园是大遗址利用的一种非常有效的模式。

一般而言，在我国“遗址公园”概念的提出，首先见于1983年国务院批准的《北京城市建设总体规划》，其中将圆明园遗址确立为遗址公园。2000年国家文物局批复了《圆明园遗址公园规划》，圆明园遗址公园的建设逐步开展。此后，“遗址公园”这一概念才逐渐传播开来[13]。直到2006年，财政部和国家文物局联合下发《关于“十一五”期间大遗址保护总体规划》，“建设大遗址保护展示示范园区（遗址公园）”才被明确提出。随着我国文化遗产保护的持续深入、大遗址保护的不断发展及国家经济增长与文化需求扩大等，“考古遗址公园”的理念被提出并很快实践。考古遗址公园是大遗址保护工作的一种创新，“它是指基于考古遗址本体及其环境的保护与展示，融合了教育、科研、游览、休闲等多项功能的城市公共文化空间和遗址类的文化景观，是对考古类文化遗产资源的一种保护、展示与利用方式”[14]。

遗址公园也好，考古遗址公园也好，主要应针对大遗址的实际状况及其周围的具体环境而定。北京在这一方面已具有很好的实践经验。1985年，北京开始建设大兴团河行宫遗址公园，此后又相继建成了元大都城垣遗址公园、皇城根遗址公园、明城墙遗址公园等，而圆明园成为了第一批国家考古遗址公园。具体到通州的这三座城址，路县故城城址是通州区历史最为久远的一座城址，整体原址保护，地表基本没有建筑物，开展考古工作的空间广阔，因此适合建立考古遗址公园。也就是说，在着重体现汉代、城址等重要元素的同时，考古的过程、操作、程序等方面也要在这个遗址公园中有很好的展现。而通州古城，是通州历史上一个繁荣时期的产物和通州历史记忆的典型代表，面积广大，其范围内已建成了承担着不同功能的现代建筑，城址已经不可能完整或者较为完整的展示，因此适合在不同的位置、区域建设几个遗址公园，从而展现保存下来的城址的局部。张家湾古城城址，其规模和保存状况介于二者之间，因此适宜建立一个遗址公园。

在这三座城址建成遗址公园的前提下，应当密切与社会公众的联系、加强社会公众的参与、增强与社会公众的互动。首先，要进行广泛的宣传，让知道这三座城址的人群更多，不能仅局限于通州区及其周边。其次，针对遗址的不同性质开展、组织不同的活动。路县故城城址主要以汉代遗存为主体，均埋藏于地下，可以进行考古发掘过程的展示，并可以在条件允许、准备充分的前提下让公众亲自参加。还可以开展模拟考古实验，如陶器制作、玉石器加工、冶铁铸铜等，从而丰富公众参与的内容与形式。通州古城和张家湾古城原本就是很多通州本地人自幼成长和多年生活的区域，对这两座城址以往的面貌还有较为深刻、真实和生动的记忆，可以对其进行访谈，记录并保存下个人记忆中的城址。总之，要吸引公众关注并走近这三座城址，然后利用遗址和遗址公园的特色，让公众了解并热爱这三座城址，从而使遗址保护成果达到全民共享。

这三座城址作为大遗址，考古、保护和利用三者密切相关，考古是方式，保护是根本，利用是目标，从可持续发展的角度来看，三者不可偏废。一方面三者互为促进，另一方面三者也相互制约，考古做不好，保护和利用就不会明确；保护做不好，考古和利用就不会持久；利用做不好，考古和保护就不会充分。大遗址保护，说到底还是属于文物保护、文化遗产保护。文物保护是一项事业，具有自身的特点和属性，所以在实施过程中既不能快也不能乱，快则欲速而不达，乱则舍本而逐末，都会对文物造成无法补救的损害，这是由文物的不可再生性决定的。从近两年来的工作可见，通州区的这三座城址正在进行合理的考古、有效的保护和积极的利用，因此我们坚信，这三座城址将会有一个美好的明天，成为通州和北京城市副中心连接历史与未来的亮丽风景。

执笔：孙勐

---

① 北京市文物研究所、通州区文化委员会：《北京城市副中心的“金名片”——通州汉代路县故城遗址考古发掘取得重大收获》，《中国文物报》2017年2月28日第3版。

②《汉书·地理志第八下》，中华书局，1962年，第1623—1624页。

③《后汉书·郡国志五》，中华书局，1965年，第3528页。

④（北魏）郦道元注，杨守敬、熊会贞疏：《水经注疏》，江苏古籍出版社，1989年，第1215、1222页。

⑤（清）于敏中等：《日下旧闻考·京畿》，北京古籍出版社，2001年，第1794—1797页。

⑥（清）孙承泽：《天府广记·漕渠》，北京古籍出版社，1982年，第538页。

⑦（明）蒋一葵：《长安客话·潞河》，北京古籍出版社，1982年，第130页。

⑧（清）于敏中等：《日下旧闻考·通州三》，北京古籍出版社，2001年，第1825页。

⑨ 徐新民：《保护整体性是大遗址保护的根本》，《中国文化遗产》2005年第6期。

⑩ 傅清远：《大遗址考古发掘与保护的几个问题》，《考古》2008年第1期。

⑪ 张忠培：《中国大遗址保护的问题》，《考古》2008年第1期。

⑫ 杜金鹏：《考古学与古代遗址保护规划》，《中国文物报》2009年4月24日第7版。

⑬ 杜金鹏：《大遗址保护与考古遗址公园建设》，《东南文化》2010年第1期。

⑭ 单霁翔：《大型考古遗址公园的探索与实践》，《中国文物科学研究》2010年第1期。

唐刘济墓考古发掘壁画现场保护报告

北京市文物研究所

2012年8月至2013年6月，经国家文物局批准，北京市文物研究所对发现于房山区长沟镇坟庄村的唐幽州卢龙节度使刘济墓进行了抢救性考古发掘工作。2013年7月，完成了刘济墓的全面发掘工作，并开展了文物保护及科技考古研究工作。

刘济墓纪年明确，规模宏大，在墓葬形制上，承袭了中原地区唐墓特征。该墓虽遭历代破坏，但墓葬整体结构仍保存完整，为研究北京地区晚唐时期藩镇形势、墓葬形制等提供了十分有价值的材料（图一）。同时，刘济墓考古发掘，发现了一批极具研究价值的实物资料，为研究北京地区的隋唐文化提供了珍贵的科学标本，为北京地区唐代墓葬与文化研究提供了重要资料，对于研究北京地区隋唐时期的文化交流和传播具有重要的科学研究价值。

一、唐刘济墓壁画的发掘

在刘济墓的考古发掘过程中，为了更好地对所发现的遗物、遗迹进行保护，采取了必要的科技手段，如对刘济及夫人墓志超声波无损探伤、壁画高光谱摄影分析、壁画颜料分析等。

2012年底发掘到后室顶部时，发现西墙面有红彩出现，这意味着在红彩下的墙面上很有可能将要出现彩绘，更准确地说是很有可能出现壁画。在对发现疑似壁画的部位进行局部墙面清理保护后，即使是在破损严重的情况下，仍可确定是壁画。为了确保壁画不再进一步脱落，绝大部分壁画表面都保留着一定厚度的原墓土，大约10厘米左右，这是因为冬季上冻时由这层土起到保护层作用，到来年解冻时壁画不会因解冻墙体表层而造成壁画酥粉、脱落。这也是为了不妨碍正常的考古工作，而对壁画进行的特殊保护。2013年春，在环境条件允许的情况下，我们对墓葬主室的西墙面壁画进行了系统的清理保护。刘济墓墓室出土的壁画损伤严重，大部分酥粉、脱落，由于年代久远，且历史上多次被盗，致使壁画漫漶不清。但在局部保存完好的壁画上，可以看到白灰底上落墨施彩，相当精美。清理后，壁画内容清晰可见，主要包括：乐舞表演、家居生活、彩绘建筑、侍女、动物、植物等（图二至图七），形象生动地描绘了当时的生活习俗、服饰色彩、娱乐

图一 发掘现场全景

表一　刘济墓壁画具体位置分布位置及面积统计表

壁画分布位置		长（m）	高（m）	面积（m^2）
西耳室	东壁南侧	1.55	0.5	0.775
	东壁北侧	1.55	0.5	0.775
	南壁	1.85	1.7	3.145
	北壁	1.85	1.7	3.145
	西壁	1.85	1.93	3.5705
东耳室	外壁南侧	1.6	1	1.6
	南壁	1.83	2.08	3.8064
	东壁	2.24	2.3	5.152
	北壁	2.02	1.96	3.9592
莲花座	东侧	0.59	1	0.59
	西侧	0.66	1.3	0.858
主墓室	主墓室东壁	1.4	5	7
	主墓室东壁北侧	1.6	2.5	4
	主墓室西壁	1.7	2.55	4.335
主墓室东侧室	东壁	2.5	2.35	5.875
	南壁	2.5	2.55	6.375
	北壁西侧	2.25	1.5	3.375
	北壁东侧	0.7	1	0.7
主墓室西侧室	北壁	1.65	2.6	4.29
	西壁	1	2.25	2.25
	南壁	0.85—0.4	1.8	1.53
后室甬道	东壁北侧	0.7	1.35	0.945
	东壁南侧	1.25	1.2	1.5
墓道	东壁	11	3.3	18.15
	西壁	11	3.3	18.15
合计		105.8511		

图二　西耳室南墙壁画

活动与建筑风格等，是研究北京地区唐代社会生活尤其是贵族生活和精神追求的重要资料。

二、壁画病害调查与前期研究

刘济墓出土壁画在墓道、东西耳室、前甬道、主墓室、东西侧室及后室都有不同程度的分布，初步统计其大约有105平方米的壁画（表一）。

我们采用拍照、原始资料记录文字，壁画表面泥浆清理修复，壁画环境监测（图八），多光谱成像检测，统计分析壁画现状及病害情况（表二；图九、图一〇），然后制定进一步保护方案。

使用SpectroCam多光谱成像系统，白天考古现场保护大棚下，钨丝灯照明，在三个墙面进行了七组多光谱图像采集，每组8个波段图像。总体来说，通过紫外

图三 西耳室东墙（南侧）壁画

图五 西侧室西墙局部（鹅）

图六 壁龛底部的莲花座

图四 前甬道壁画

图七 绘画树木

表二　刘济墓壁画病害统计表（单位：m^2）

墓葬结构	位置	地仗层脱落	颜料层脱落	泥渍	空鼓	覆盖	酥碱
东耳室	东墙	1.8316	0.634	2.7324	0.4554	3.1576	
	南墙	0.2568	1.0149	0.9765		2.5435	0.1256
	西墙	0.5436				2.1936	
西耳室	北墙	1.6353	0.1137			1.2985	
	南墙	0.315	0.4324	0.2421		1.4226	0.2513
	西墙	0.6081	0.7924			2.6436	
甬道	北壁画	0.4104	0.3218	0.1577	0.1745	1.8145	0.1172
	南壁面	0.7311		0.4219	0.2021		0.0984
主墓室西侧室	北墙	0.4251	0.1125	0.5298		1.4992	
	南墙	0.4085	0.3836	1.6754		0.2554	0.3258.
	西墙		1.8281	0.5258		2.2767	0.0179
主墓室东侧室	北墙	0.7335	1.2864	0.7669		2.2884	
	南墙	1.1321	0.775	1.4678		4.0946	0.2508
	东墙	1.0007	3.6501	2.6077		2.3182	0.624
墓道	东壁	2.564	5.6263	7.9235	2.2803	4.6728	2.7864
	西壁	1.9283	4.8369	6.8542	1.7254	3.9654	1.2126
合计		14.5241	21.8081	26.8817	4.8377	36.4446	5.81

图八　壁画环境监测

图九　西耳室西墙地仗层脱落

图一〇　东耳室南墙壁画颜料脱落

线、可见及光红外线的多个波段的多光谱成像结果可以获知，刘济墓壁画局部几个成像点上，多光谱成像有利于帮助人眼更清楚发现局部壁画绘画残留（图一一）。通过多光谱成像提示，如果人眼认真仔细地辨识，残留绘画也可隐约发现。除此，

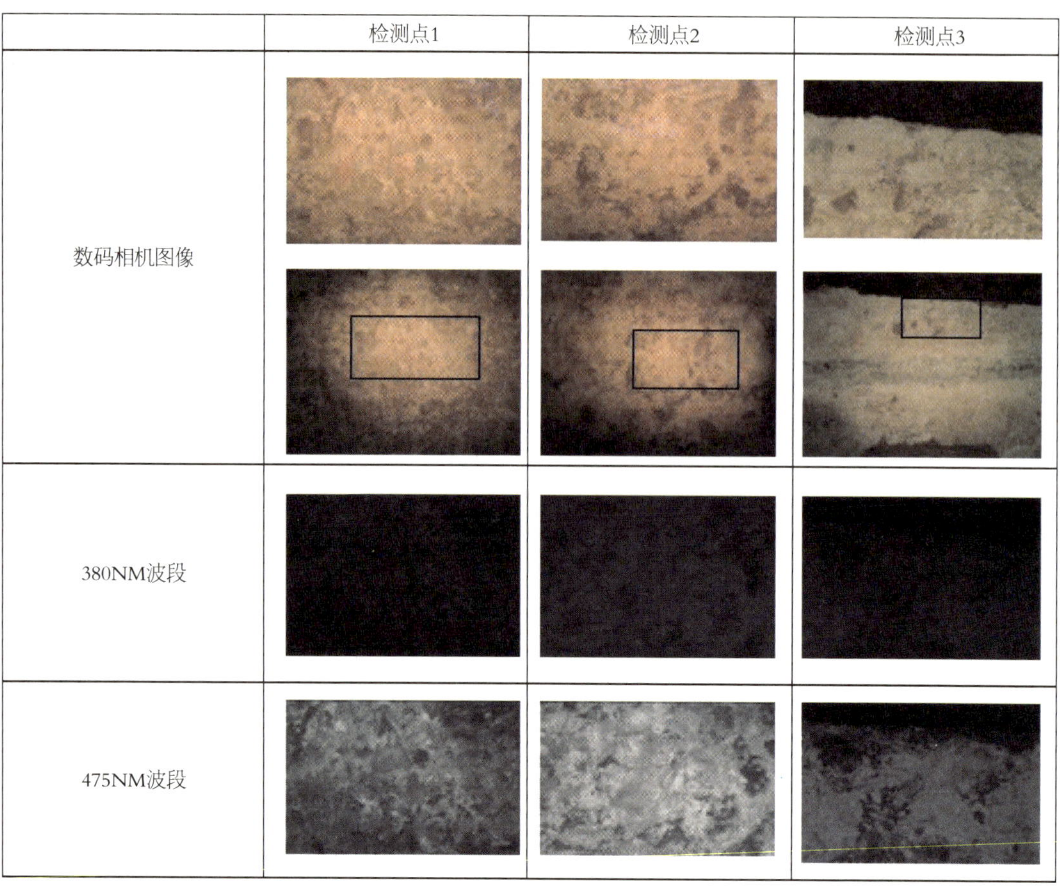

图一一　多光谱成像

并没有发现人眼辨识波段不能看到的绘画痕迹。

三、壁画保护与修复方案

经前期清理修复、环境监测及多光谱摄影等工作，发现刘济墓现存壁画保存状态不容乐观，仅局部画面色彩鲜艳、内容清晰。壁画颜料层、地仗层酥碱脱落严重。这一方面与壁画仓促的制作有关，一方面是由于环境的突变、墓室潮湿导致。为了更大限度地保存壁画，选择将画面内容清晰、现存较好的壁画进行局部揭取，转移回博物馆进行保护；将其余壁画进行原址保护、控制原址的环境，使其适合壁画保存。

一方面使现存较好的壁画得到很好的保护，另一方面使得壁画出土的原始赋存本体得以保留，墓葬的形制、制作工艺及结构和出土墓志、壁画的共同展示，充分诠释了整个考古发掘出土物的价值，为后续该墓的历史、艺术及科学价值提供了充分的资料。

（一）壁画保护修复步骤

1. 壁画原始资料采集

采用影像、文字等记录方式记录壁画的现状、病害种类、分布范围、程度等资料。

2. 样品采集

在进行修复工作之前采集样品，如壁画支撑体、地仗层、壁画颜料、病害样品等，为研究壁画制作工艺、病害提供实物资料。样品采集要求不伤害壁画，所采样品必须未经过污染，不影响检测分析结果。

3. 壁画制作工艺研究

刘济墓壁画支撑体为砖石结构，砖石支撑体依附于红色岩土之上，支撑体上为厚约0.5厘米—2厘米的白灰地仗层，白灰中未见麻刀等纤维添加痕迹，因此白灰地仗层脆弱易成块剥落，整体白灰地仗层已凹凸不平，白灰地仗层之上为颜料层，颜料以红、白、黑、绿为主。

采用显微镜观察壁画剖面样品，分析壁画制作结构，用X射线荧光光谱仪、X射线衍射分析仪、能谱分析仪研究壁画地仗层组成成分及颜料成分，从而为后续壁画揭取及原址重绘提供资料。经拉曼光谱分析结果：红色颜料类型朱砂，又名辰砂、硫化汞。绿色颜料类型是石绿，又名孔雀石、铜绿。黑色颜料类型为炭黑，又名墨、铁黑。

（二）壁画现场临摹

现场临摹部位的壁画，为后续的原址重绘提供模板。壁画的临摹要求不伤害原始壁画，确保临摹的真实性、准确性。

本次预揭取的壁画包括：

1. 壁画内容、主题、包含信息历史研究价值丰富，能够为研究墓主人生活、当时的社会形态提供重要资料；

2. 壁画画面保存完整、颜色鲜艳、线条清晰，具有很强的观赏性和较高艺术价值。

根据上述原则和前期调查统计分析，拟揭取壁画的总面积为35.07平方米，具体分布位置及其面积统计如表三。

（三）壁画修复手段与方法

本工程方案自2013年9月1日至2014年8月31日实施执行，保护修复壁画共约105平方米。不同时代、不同地区的壁画由不同的材料制成，主要是黏土。黏土在我国分布最广、使用最早，是建筑材料，也是壁画制作中最主要、最常用的材料。黏土本身既是填充材料，又是黏合剂。黏土还可以作为支撑体的主要材料，如土坯墙、夯土墙、墓道的生土墙、砖的生坯砌筑的墙体。作为壁画地仗的主要材料，常见的有草泥地仗、麻泥地仗，即在砖砌筑的墙体上抹草泥灰找平，再在其上抹上掺上麻的白灰（又叫麻刀灰），最后开始打壁画的底稿，这是山西、陕西、河南等地常见的壁画制作工艺方法，是我们在一般修复壁画时常见的制作步骤。而在此次的唐刘济墓壁画保护中，发现壁画是绘制在依山开凿的砌砖墙墙壁上，它不同于以往墓葬壁画制作的方法，没有用草泥地仗或麻泥地仗，而是用黄泥找平，抹上生白灰，再绘制壁画，因为灰里没有草、麻，季节变化（主要是干、湿变化）使墙皮脱落、酥粉严重，又加上几次历史上的人为破坏，致使大面积壁画损毁。

（四）修复的具体措施

1. 钙质土垢清理。由于北京地下干湿是随季节变化而变化，因此，在壁画表层的墙面就容易出现钙质土垢。

（1）壁画表面钙质土垢的初步清理：用竹签剔除壁画表面较易去除的土垢，用吸耳球吹去已剔除的浮土。

（2）渗透加固：对表面粉化严重的壁画采用喷雾法加固，即在壁画表面渗透

表三　壁画现场临摹具体分布位置及面积统计表（单位：m²）

壁画现场临摹位置	面积
西耳室东壁	1.55
西耳室南壁	3.16
东耳室外壁南侧	1.68
东、西壁龛莲花座	1.45
东、西侧室西墙	2.25
主墓室西侧室西墙	20.86
主墓室东壁局部	4.12
合计	35.07

水性环氧树脂，以加固画面颜料层。

（3）去除钙质土垢：采用低浓度水性环氧树脂清洗剂和工具剔除土垢，至此，壁画颜料层清晰可见。

（4）画面加固：用脱脂棉蘸取RFC加固剂，在已清洁后的壁画表面均匀涂刷一两遍，晾干。

2. 霉斑清理

（1）清洗工艺：用毛笔蘸取清洗剂涂敷在霉斑表面，并立即在其上覆贴两层纸巾吸附污物。

（2）新生长霉菌菌丝清洗：直接用细毛软笔蘸去离子水清洗。

（3）一般霉斑清洗：先用质量分数为5%的胰蛋白酶清洗剂淡化霉斑，然后用去离子水清洗，再用纸巾吸附污物。

（4）顽固霉斑清洗：用氨水／乙醇或质量分数为70%的乙醇清洗、用纸巾吸附污物，再用去离子水清洗、用纸巾吸附污物。

3. 残留胶清洗

（1）将宣纸或皮纸附于壁画表面，留出清洗区域。

（2）用脱脂棉团或棉签蘸30℃～50℃的蒸馏水或50%的乙醇溶液，润湿清洗区域的残留胶。

（3）用小竹签、竹刀、手术刀等剔除较厚泥土，用棉签擦洗残留胶。

（4）分区域逐块渐次清洗。

4. 泥痕清洗

（1）用吸耳球或软毛刷清除壁画表面浮尘及起甲或裂缝中的尘土。

（2）在泥痕与壁画结合处滴注加有质量分数为1%的表面活性剂的蒸馏水，软化泥痕。

（3）用木（竹）质小刀刮除泥痕。

（4）必要时用棉签擦除泥痕。

（5）对于坚硬泥痕，软化时间应足够长，必要时用手术刀清除。

5. 人为覆盖物清理，壁画表面人为覆盖物可滴注蒸馏水局部软化，用木（竹）质小刀刮除，必要时用棉签擦除。

（1）用质量分数为3%的AC-33乳液加固壁画颜料层。

（2）待加固剂渗透干燥后用乙醇或蒸馏水软化其他附着物。

（3）用竹（木）质小刀轻轻刮削清除。

（4）清洗完成后，用棉签蘸取乙醇或蒸馏水轻轻擦拭壁画表面。

6. 壁画龟裂起甲修复

（1）用吸耳球或软毛刷清除壁画表面浮尘及起甲缝隙中的尘土。

（2）沿壁画起甲缝隙注射质量分数为3%的AC-33乳液。

（3）待乳液被地仗层吸收后，用竹、木或不锈钢修复刀将起甲壁画压回地仗层。

（4）起甲酥碱壁画修复

①用注射器(针管后面接装吸乳球)将质量分数为5%的AC-33乳液注射渗入地仗层，加固地仗层。

②酥碱地仗层修复完成后，用质量分数为3%的AC-33乳液修复起甲颜料层，一般最少注射两次。

（5）用绸布拓包拍压壁画，拍压时，从壁画未裂口处向裂口处轻轻滚动，可将起甲壁画内的空气排出，同时不会压出皱褶。

7. 壁画颜料层粉化修复

（1）将质量分数为5%的AC-33乳液(也可用质量分数为5%的明胶液)倒入喷雾器。

（2）调节喷雾器喷头使雾滴大小均匀。

（3）喷头距壁画20—30厘米，将乳液均匀喷雾到壁画表面。

（4）喷雾20分钟后，使用绸布拓包轻轻拍打壁画颜料层。

（5）封护壁画表面颜料层。将5%的AC-33乳液倒入喷雾器，对壁画整体画面进行喷雾以起到加固封护壁画表面颜料层的作用。

8. 壁画颜料脱落修复

（1）沿壁画颜料脱落处边缘滴渗质量分数为3％的AC-33乳液。

（2）待乳液被地仗层吸收后，用竹、木或不锈钢刀压实疏松颜料颗粒，使其与地仗层紧密结合。

9.酥碱壁画修复

（1）沿壁画裂隙处、颜料脱落处、颜料层起甲处注射质量分数为5％的聚乙酸乙烯酯乳液(或质量分数为5％的AC-33乳液)。

（2）待乳液渗透后，用竹、木或不锈钢修复刀轻压壁画表面，将酥碱壁画压实、压平。

（3）待加固剂快干燥时，用白色绸布拓包拍压酥碱壁画。

10.破碎地仗层修复

（1）依据壁画原始资料和画面内容，拼接地仗层碎块。

（2）按照沙子与石灰2∶1的比例，用质量分数为15％的聚乙酸乙烯酯乳液调制地仗层修补材料。

（3）用地仗层修补材料填补、黏结破碎地仗层。

（4）用质量分数为15％的聚乙酸乙烯酯乳液滴渗加固壁画原地仗层。

（5）待加固剂50％干燥后，用竹、木修复刀压实、压平壁画地仗层。

11.地仗层裂隙修复

（1）用洗耳球清除裂隙内杂物和浮尘。

（2）用质量分数为5％的聚乙酸乙烯酯乳液调和与壁画原始地仗层材料相近的材料和细砂。

（3）待填补泥浆完全干燥后，依据画面内容方法补色。

12.空鼓壁画修复

（1）沿壁画破损处注射质量分数为5％的聚乙酸乙烯酯乳液加固地仗层。

（2）在空鼓壁画表面滴渗质量分数为3％的AC-33乳液软化、加固壁画灰泥层。

（3）待50％干燥时，用木质修复刀轻压空鼓处。

（五）原址环境控制、展示

刘济墓壁画现在的保存环境为考古发掘现场临时搭建的保护大棚，保存因素不易控制。后期进行原址建博物馆展示时其环境因素应控制在适合壁画保存的范围内，同时保证壁画保存环境的稳定性。为保证壁画的保存环境的基本稳定，提出以下建议：

1.在条件许可的情况下，使用空调及隔热、保暖材料，温度尽可能控制在（20℃±5℃）。

2.使用空调及除湿设备，相对湿度尽可能控制在（55%±5%）。

3.按照文物保存环境质量检测技术规范，建立环境实时监控系统。

4.使用无紫外线和红外线的光源照明，照度控制在150lx以下。

5.使用空气隔滤设施，尽量减小外界环境对内部壁画的影响，保证壁画保存环境良好、无污染。

四、总结

北京房山区唐幽州卢龙节度使刘济墓的发现是北京一项重大的考古发现，墓内出土的彩绘石棺、墓志、壁画等具有极高的研究价值。在前期资料搜集、现场调查分析、环境监测等基础上，经分析研究初步制定了针对于刘济墓壁画的保护方案，该修复保护方案是根据壁画现状及环境考虑制定，但具体的实施程度是壁画自身保存环境所定，为此，我们在壁画保护实施过程中的细节需要根据特定情况加以调节。这次的壁画保护项目的工作是传统的保护技术手段与现代的科学技术考古相结合的文物保护工作。一方面使现存较好的壁画得到很好的保护，另一方面使得壁画出土的原始赋存本体得以保留，墓葬的形制、制作工艺及结构和出土墓志、壁画的共同展示，充分诠释了整个考古发掘出土物的价值，为后续该墓的历史、艺术及科学价值研究提供了充分的资料。

西北大学文化遗产学院刘成老师及他的学生也参加了这次壁画保护项目的工作，在此表示感谢！

壁画保护项目人员：程利、刘乃涛、董育纲

执笔：董育纲

浅谈鎏金青铜器保护与修复

蔡友振　王雪凝　张　坤

鎏金青铜器工艺独特、造型别致，是我国历史文化遗产中的一枝奇葩，由于金具有天然亮丽的金属光泽，鎏金后的器物显得更加高贵、华丽，深受人们喜爱。《鎏金工艺考》对鎏金器的创制年代、创制地点、名称沿革及制作工艺等进行详细论述[①]。鎏金技术是将金和水银合成金汞剂，涂在铜器表面，加热后水银蒸发，金附着在器面不脱，鎏金层成分大多会发现残留汞元素[②]，这是鎏金器制作工艺的重要特征。

一、腐蚀现象分析

鎏金青铜器由于长期遭受埋藏、保存环境等多种因素影响，加之器物自身特殊制作工艺，多数器物存在锈蚀、污染、胎体残缺、鎏金层剥落等病害，严重影响文物长久保存与展示利用，特别是鎏金青铜器腐蚀现象比较突出，其腐蚀机理研究逐渐为学界所重视。笔者采用超景深三维视频显微镜（日本浩视HIROX RH2000）对日照市博物馆馆藏一件鎏金佛造像耳部鎏金工艺微观形貌观察，发现器物表面腐蚀产物疏松、凸起，导致鎏金层被顶破、脱落，器表被锈蚀物覆盖，残留金层与锈蚀接触面存在微小空隙（图一）。器物存放环境中的空气、水分及各种离子等一旦侵入缝隙，鎏金层与铜胎体之间可能发生贱金属铜的电化学腐蚀。

图一　鎏金层腐蚀微观照片

通过便携式X射线荧光光谱仪对佛造像耳部鎏金层部位成分做半定量检测。仪器型号：德国布鲁克Tracer3，测试条件：端窗铑（Rh）靶X光管，管电压40KV，管电流6mA。发现主要成分有Cu、Au、Pb、Sn、Fe、S等元素（图二）。研究资料表明，介质中存在的Cl^-、$S2^-$等不同腐蚀因子，通过器物表面污染物、装藏物及水汽等载体持续作用于青铜胎体，时间久之铜胎体则出现腐蚀。鎏金层虽然相对稳定，但是铜胎体腐蚀产物疏松、凸起可将鎏金层顶破、卷曲从而造成鎏金层脱落、缺失。

二、化学试剂除锈

鎏金青铜器锈蚀物不但掩饰了其光彩耀耀的原貌，而且易出现鎏金层被锈蚀物顶破、脱落现象，应尽快清理去除。化学

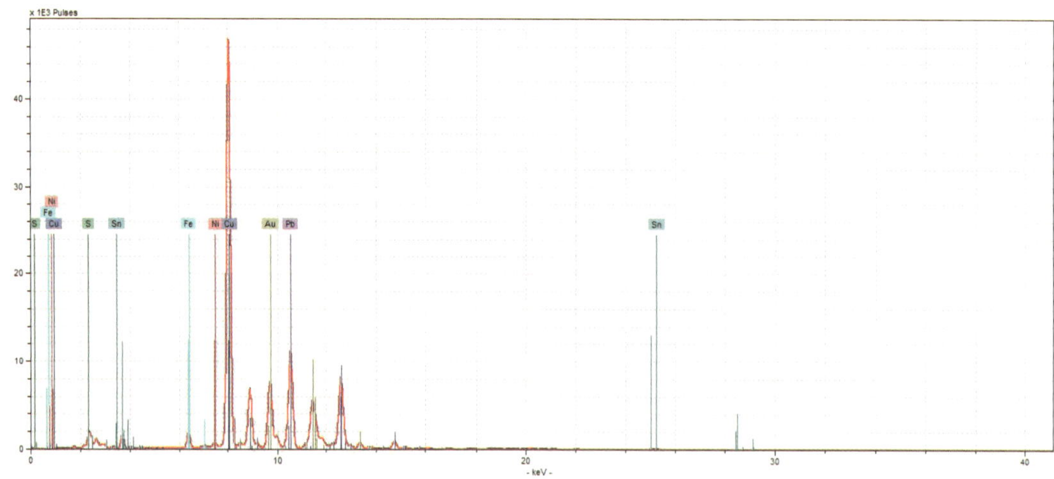

图二 佛造像（0055）鎏金层局部XRF分析谱图

试剂除锈方法较多，如2%的柠檬酸和1%的柠檬酸+硫脲适用于鎏金青铜器锈蚀物中红色氧化亚铜去除[3]，氨水适合去除较厚实疏松的绿色锈蚀物。由于文物表面锈蚀物成分比较复杂，单一化学试剂难以将其完全清理去除，对于含有多种成分的附着物，几种化学试剂交替使用效果明显。采用20%氨水、冰醋酸、5%的EDTA与六偏磷酸钠复合溶液，对潍坊市寒亭区文物保管所藏鎏金青铜兽表层硬结物及锈蚀清理。将脱脂棉分别浸泡20%的氨水、冰醋酸，护敷器物需要清理部位。氨水可以将绿色锈蚀物逐渐溶解，锈蚀物中碱性盐类可以被冰醋酸溶解。反复多次护敷后，将器物浸泡于5%的EDTA与六偏磷酸钠复合溶液中，表面硬结物中含有的钙、镁离子较容易与六偏磷酸钠络合而出现软化、松动，EDTA防止铜离子沉积于鎏金层表面影响外观效果（图三、图四）。

三、电化学除锈

化学试剂除锈虽有其优越性，但化学因素导致的负面作用也不可避免，如化学试剂渗透到鎏金、彩绘层内部难以清理，对文物长久保存极为不利，电化学除锈可以避免化学试剂除锈带来的负面影响。电化学除锈常用锡箔纸或锡粉作为介质，充分利用锡与铜的电位差进行还原法除锈，这种方法操作简单、作用“温和”、经济实用且效果较好，特别适用于鎏金与彩绘器物局部点腐蚀去除转化。德州市博物馆

图三 鎏金青铜兽清理前

图四 鎏金青铜兽清理后

图五 鎏金铜佛像点腐蚀

图六 护敷琼脂膏

馆藏一件鎏金铜佛像躯干胸前有点腐蚀分布，硝酸银滴定实验发现含有氯离子，为有害锈蚀物（图五）。首先使用蒸馏水将琼脂粉调成糊状，然后将糊状琼脂涂抹在器物点腐蚀周围表面（图六），再使用铝箔纸将琼脂粉和器物一同紧紧包裹。24小时后观察，铝箔上出现点状小孔或黑色斑点状腐蚀（图七），揭取铝箔纸并去除琼脂膏，用去离子水清洗器物，重新更换琼脂再次包裹严密，如此反复操作5次，未再发现铝箔纸出现斑点状破损，此时点腐蚀清理完毕，最后用离子水清洗（图八）。器物表面硬结物、土锈等其他附着物变亦可采用上述多种化学试剂交替清理，此处不再赘述。

四、青铜胎体修复

由于鎏金层存在，鎏金青铜器胎体残缺、断裂、变形等修复往往受制于金层或彩绘影响，与普通青铜器有所区别，相对较为困难。特别对于变形器物处理，必须避免加热矫形易导致鎏金层与彩绘破坏的现象。鎏金器胎体矫形，可以选择冷挤压，结合局部开引导槽、锤击复位修复方法处理④。胎体残缺补配与一般铜器修复类似，方法相对较多也比较成熟，如可采用硅橡胶翻模、聚酯树脂添加铜金粉补配，铜板剪型、闷型、敲打成型以及传统金属“蒙镶”修复工艺。

“蒙镶”工艺以金属錾雕(錾花、錾刻)与焊接为主要技术，依据图案设计要求，利用錾刀、錾板将金属材料（铜皮或铜板）打制成浮雕、圆雕、透雕成品，达到精美文物残缺胎体修复的目的。此种方法适用于体积较小、制作精良鎏金器胎体修复。如山东潍坊市寒亭区文物保管所藏一件鎏金佛造像，胸前璎珞圆形镶嵌物缺失，采用0.8mm厚红铜板经过加热并淬火

图七 铝箔纸出现腐蚀孔

图八 鎏金铜佛像（DM185）保护后

后，提高铜板的柔韧性，根据同类型器物参考剪出形状、打制塑形、錾刻连珠纹，然后通过黏结方法补配佛造像胸前残缺处（图九、图一〇）。

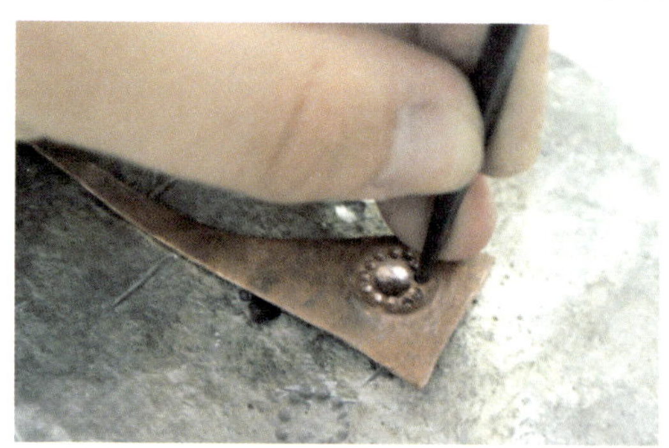

图九 纹饰錾刻

图一〇 璎珞镶嵌物补配

五、鎏金层修复

鎏金层脱落是鎏金青铜器的一大遗憾，做好鎏金层修复可以起到“画龙点睛”的作用。目前青铜器鎏金层修复方法相关资料略少，且不同方法均有优缺点，如无氰刷镀金技术属于器物表面快速电化学沉积金属的一种无槽电镀，操作方便但成本较高⑤。笔者曾对德州市博物馆馆藏唐代鎏金佛造像借鉴瓷器釉层修复方法——喷笔喷涂法对表面残缺鎏金层修复。喷笔是利用空气压缩机提供高压气流，通过喷笔中的颜料杯，使颜料雾化，喷涂再修复部位。喷笔特点是操作简单、着色均匀、细腻、不留痕迹⑥。该方法在一定程度上可以满足模拟鎏金层“金属光泽”需要，达到重现鎏金器光彩夺目的艺术魅力。

唐代鎏金佛造像金层修复，选用喷涂材料由铜质修补剂添加矿物颜料调和而成，铜质修补剂是由多种合金材料和改性增韧耐热树脂复合得到的高性能聚合金属材料（表一），其自身特性一是施工工艺性好、固化无收缩，二是耐磨抗蚀、耐老化性能强，三是固化后与器表具有较高结合强度，与鎏金器质地颜色较协调（表一）。

首先将铜质修补剂与固化剂按照4:1比例调配均匀后，置于玻璃器皿中。此时调配好的铜质修补剂仍处于黏稠状态，无法使用喷笔雾化操作，可将其与乙酸乙酯按照1:2比例稀释成流动性较好的液态状，达到最佳雾化效果。将喷笔与气泵连接，将配制完成后的铜质修补剂置于喷笔槽中，根据鎏金层缺失面积大小，控制喷笔尾端调节旋阀及气泵气流大小来控制雾化效果。雾化喷涂需要间断性按动阀门按钮，依靠手腕力量旋转移动前进喷涂，每喷涂一遍间隔1分钟再进行下次喷涂，且下次应覆盖前次喷涂面积约三分之一，每次喷涂幅度不超过1—2厘米，面积越小越

表一 铜质修补剂性能参数表

固化特性参数						
物理状态	颜色	密度（g/cm³）	抗压强度（kg/cm²）	拉伸强度（kg/cm²）	剪切强度（kg/cm²）	硬度（Shore D）
膏状物	铜色	1.52	932	377	233	82
物理机械性能参数						
重量	体积	可操作时间（min）	固化时间（h）	最大固化时间（h）	工作温度（℃）	最高耐受温度（℃）
6:1	4:1	30—40	常温24	常温36	-60—160	180

图一一 鎏金层修复前

图一二 鎏金层修复后

利于掌控颜色范围。由于鎏金佛造像年代久远，鎏金层略偏红色，提前将稀释好的铜质修补剂中加入适量红色矿物颜料调和，24小时后表面喷涂材料固化，整体效果协调统一（图一一、图一二）。需要特别指出的是，铜质修补剂固化后仍可以采用乙酸乙酯等有机溶剂软化、去除，方便后期再次替换保护修复材料。

六、结语

鎏金青铜器具有特殊的制作结构及性能，病害种类也呈现出多样性。本文从腐蚀产物分析、锈蚀物清理、铜胎体及鎏金层修复等方面入手，通过对馆藏几件鎏金青铜器保护修复实践操作，主要有以下三个方面认识：

1. 鎏金青铜器除锈作为其保护重要环节，已从单一化学除锈逐步向复合材料、多种试剂交替使用方面发展，克服了采用单一方法除锈效果不佳，且对脆弱鎏金层容易造成损伤的弊端。

2. 青铜胎体修复，可充分利用我国传统金属文物修复"蒙镶"工艺，通过对红铜板塑形、錾刻，制作器物精美纹饰，达到恢复文物完整性的目的。

3. 鎏金层修复，通过采用现代复合材料，使用小型、精密工具实施保护修复工作，初步实现鎏金器物精美外表的重新展现。再者，所采用的修复材料具有可再操作性，为后期材料更换奠定了基础。

致谢：山东省文物考古研究院研究员何德亮先生对本文写作给予了悉心指导与帮助，在此表示诚挚感谢。

① 王海文：《鎏金工艺考》，《故宫博物院院刊》1984年第2期。

② 蔡友振、李爱山、吴双成：《山东招远文管

所藏金铜佛菩萨像保护与研究》，《中国文物科学研究》，2015年第4期。

③ 王景勇：《河北沧州河涧鎏金佛造像的保护修复》，第三届东亚文化遗产保护学会国际学术研讨会,2014年5月。

④ 李想：《清代残破鎏金度母像的整形修复》《文物修复与研究》，2012年。

⑤ 胡一红：《中国古代鎏金技术及鎏金文物的保护》，《首都博物馆丛刊》，2000年。

⑥ 陈仲陶：《瓷器文物修复中喷笔及其相关技能的应用》，《文物修复与研究》，2007年。

（作者单位：山东省文物保护修复中心）